EUGÈNE BURNOUF

8° Ln²⁷ 40471 (Remplaçant
(Ex. de dépôt, aux 8ᵉ⁻)

In. 27
40471 Doyle

EUGÈNE BURNOUF

EUGÈNE BURNOUF

SES TRAVAUX

ET

SA CORRESPONDANCE

PAR

J. BARTHÉLEMY-SAINT HILAIRE

PARIS

—

1891

AVANT-PROPOS

On trouvera ici réunis quatre articles qui ont été publiés sur Eugène Burnouf dans le Journal des Savants. Les deux premiers, parus peu de temps après sa mort, en 1852, concernent ses travaux ; les deux autres se rapportent à sa correspondance, que la piété de sa fille ainée vient de nous faire connaître, en 1891. A quarante ans de distance, notre jugement est resté le même ; et nous croyons ce jugement toujours vrai.

Je m'étais lié avec Burnouf vers la fin de l'année 1822. Je sortais du Lycée Louis-le-Grand ; il en était sorti lui-même depuis quatre ans, après des études extrêmement brillantes. Il y avait partagé de constants succès avec Émile Littré, son ami, en même temps que son émule. Eugène Burnouf s'appliquait alors au sanskrit, qui devait être l'instrument de sa gloire ; il savait déjà cette langue, très peu connue à cette époque, de manière à en donner d'excellentes leçons. Il voulut bien nous l'enseigner à Littré et à moi ; et, en 1823 et 1824, il prenait la peine de venir nous instruire, tous les dimanches matin, rue des Maçons-Sorbonne, où Littré demeurait. Burnouf et Littré étaient tous deux un peu plus âgés que je ne l'étais ; mais à leur exemple, j'étais plein d'ardeur, et j'avais comme eux la passion du travail. Littré et moi nous dûmes négliger le sanskrit pour d'autres carrières ; mais l'enseignement que j'avais reçu m'a été fort utile, quoique incomplet ; il m'a permis de succéder à Burnouf, au Journal des Savants, quand une mort prématurée vint le frapper. En 1839, j'avais pu reprendre mes anciens essais, en suivant son cours au

Collège de France ; bien des étrangers y étaient ses auditeurs assidus, et parmi eux se distinguait M. F. Max-Müller. Je suis resté intimement lié avec Eugène Burnouf jusqu'à la fin, et nos rapports étaient d'autant plus fréquents que nous habitions la même maison.

Ces souvenirs d'une longue amitié me sont restés très doux ; je me les rappelle avec une émotion bien vive. Mais ce n'est pas un motif d'affection qui me détermine à rendre à Eugène Burnouf ce nouvel hommage, après tant d'années. Lorsqu'un pays a produit un homme aussi remarquable, c'est un devoir patriotique, pour tous ceux qui ont pu l'apprécier, d'entretenir et de propager sa mémoire. La science a son patriotisme, comme la politique peut avoir le sien. Son théâtre est moins vaste et moins éclatant ; mais, au fond, il est le même ; et pour y avoir occupé moins de place et fait moins de bruit, on n'y a pas figuré avec moins d'honneur. Les événements qui passionnent les nations et qui les touchent dans leurs intérêts les plus évidents, sont compris de tout le monde ; le retentissement en est immense, parce que chacun en est atteint, que ces événements soient heureux ou funestes. Mais, pour la philologie, qui songe à elle? Combien d'adeptes peut-elle compter? Combien de juges compétents? Et même, dans un cercle un peu plus large, combien y a-t-il de gens éclairés qui sachent même qu'elle existe et ce qu'elle fait? Cependant ses conquêtes n'en sont pas moins réelles, quoique ignorées de la foule ; elles n'en sont pas moins fructueuses, et elles agrandissent le domaine de l'esprit humain, plus sûrement que la guerre n'agrandit la prospérité des peuples. Il en est des provinces de l'intelligence à peu près comme de celles que les armées se disputent. Arriver à les posséder n'exige pas moins d'efforts et de patience, de calculs et de combinaisons. Pendant sa vie, Eugène

Burnouf a déployé, l'on peut dire, autant de courage, autant de fermeté énergique, qu'on en déploie sur les champs de bataille. Il est mort avant le temps, victime de ses labeurs, comme d'autres meurent de leurs fatigues et de leurs blessures. Il est vrai que les acquisitions de la science, quand elle ouvre un champ nouveau, ont ce solide avantage qu'elles sont durables, tandis que les autres le sont bien rarement. Les monuments qu'elle élève peuvent vivre à jamais, s'ils sont originaux ; et c'est parce que ceux d'Eugène Burnouf sont de cet ordre que nous les recommandons encore une fois à l'estime de nos contemporains, et même à la gratitude de la patrie.

On doit ajouter que, dans Eugène Burnouf, l'homme privé avait autant de qualités morales que le philologue a montré de génie.

Paris, Octobre 1891.

NOTE

RELATIVE AUX PAGES 30, 32, 38, 42 DE CE VOLUME

Depuis quarante ans qu'Eugène Burnouf est mort, les études auxquelles il s'était dévoué, et qu'il avait créées, ont fait de grands progrès. Le jugement qu'on en portait en 1852 pouvait être exact à cette époque ; aujourd'hui, il n'est plus complet. Les études sur le Zend-Avesta, sur les Cunéiformes, sur le Bhâgavata-Pourâna, et sur le Bouddhisme, se sont beaucoup développées, dans la voie que Burnouf avait ouverte. Nous ne pouvons pas ici mentionner tous les ouvrages de ses successeurs ; mais pour qu'on puisse se faire une juste idée des succès de la philologie contemporaine, il suffit de citer la traduction anglaise du Vendîdâd, des Yasts, des Sîrôzahs, des Gâthas, du Yaçna, etc., par MM.

James Darmesteter et L. H. Mills. (Tomes IV, XXIII et XXXI de la collection des Livres sacrés de l'Orient, publiée par M. F. Max-Müller, 1880, 1882 et 1887). On peut y ajouter, comme annexe nécessaire, les textes Pahlavi (Pehlvis), de M. E. W. West, dans les trois volumes V, XVIII et XXIV de la même collection.

Pour les monuments Cunéiformes, les découvertes et les explications, beaucoup plus difficiles, n'ont guère été moins heureuses, quoiqu'il reste encore bien des obscurités. Français, Anglais, Allemands y ont rivalisé de zèle et de sagacité, pour éclairer d'un jour nouveau l'antique histoire de l'empire des Perses.

Le Bhâgavata-Pourâna, que Burnouf laissait inachevé, a été continué par M. Hauvette-Besnault, qui, dans un quatrième volume, a donné le texte et la traduction d'une partie du xe livre ; mais il est à craindre que cette publication ne puisse être poursuivie.

Enfin, le Bouddhisme a provoqué plus de travaux que tout le reste. C'est surtout le Pâli, rédaction du Sud, qui a fourni de précieux documents : Le Dhammapada de M. F. Max-Müller, le Sutta-nipata de M. V. Fausböll, le Vinaya, en trois volumes, de MM. T. W. Rhys Davids et H. Oldenberg, etc., etc. (Tomes X, XIII, XVII, XX de la collection des Livres sacrés de l'Orient.) On peut être assuré que cette mine féconde ne sera pas épuisée de sitôt.

Si l'on a tenu à donner ces renseignements et à faire ces rectifications, c'est afin de prévenir les lecteurs qui pourraient être choqués par quelques assertions, dans les pages qui vont suivre. La date de ces pages nous excusera.

EUGÈNE BURNOUF

SES TRAVAUX

M. Eugène Burnouf, ravi si prématurément à la science, a fait partie, durant vingt années, du *Journal des Savants ;* et, à ce titre déjà, sa mémoire pourrait trouver ici un pieux souvenir, si, d'ailleurs, la grandeur de ses travaux et la féconde originalité de ses découvertes ne méritaient un examen spécial, que nous sommes heureux de lui consacrer. De tous les philologues de notre temps que la mort a frappés, il n'en est peut-être pas un seul dont la postérité tiendra plus de compte que de lui. Tous les sujets qu'il a traités sont immenses ; et, bien qu'il ne laisse que des ouvrages inachevés, les résultats obtenus sont tellement importants et tellement sûrs que la critique ne les ébranlera pas, et que l'histoire devra les enregistrer, comme une partie désormais essentielle et incontestable de ses annales. Même dans des études anciennes et dès longtemps cultivées, c'est un mérite bien rare que d'arriver à tant de certitude, en s'aidant des efforts de ses devanciers et en les complétant ; mais porter ce degré de précision et cette étendue dans des recherches toutes neuves, ne pas s'égarer dans des routes si obscures et si difficiles, c'est une gloire à peu près unique ; et, quelque éclatant que soit l'exemple, il est fort à craindre qu'il ne se reproduise point, et que l'imitation en soit presque impossible. M. Eugène Burnouf avait reçu de la nature des facultés admirables, dont il a su faire le plus utile et le plus persévérant usage. Il a su, de plus, mettre à profit les heureuses circonstances de son éducation philologique ; il a joint aux inspirations de son génie les leçons paternelles, qui peut-être les avaient éveillées en lui, et qui les ont certainement développées. Grâce à tous ces secours si bien employés, sa carrière, quelque abrégée qu'elle fût, aura été pleine ; et ses monuments, s'ils sont incomplets, n'en seront pas moins durables. La méthode qui a servi à les construire, pourra servir encore à en élever d'autres; et l'érudition française, qui compte un si grand nombre de noms illustres, peut se montrer fière de cette conquête, qui lui promet et lui assure tant de conquêtes nouvelles.

On ne donnera que des détails fort courts sur la biographie de M. Eugène Burnouf. Le vrai savant est tout entier dans ses œuvres; et ce sont les phases de son intelligence qui composent toute l'histoire de sa vie. C'est une observation qu'on a faite cent fois; et, si on la répète, c'est pour en constater une fois de plus la justesse.

M. Eugène Burnouf, fils unique de M. J. L. Burnouf, célèbre auteur de la grammaire qui a renouvelé parmi nous l'étude du grec, naquit à Paris le 8 avril 1801. Il fit de brillantes et très fortes études au collège Louis-le-Grand. On peut remarquer qu'au sortir de ses classes sa vocation ne s'était pas encore prononcée, et qu'il eut, au début, quelque incertitude sur la route qu'il devait prendre. En 1822, il était élève de l'école des Chartes. Reçu licencié ès lettres et licencié en droit, en 1824, il cultivait dès lors le sanskrit, qui devait lui ouvrir une carrière sans bornes et si belle; et, si je puis rappeler un souvenir tout personnel, dès cette époque il possédait assez bien cette langue pour nous en donner des leçons, à M. Émile Littré et à moi. D'ailleurs, il n'est pas douteux que ces commencements, tout étrangers qu'ils semblent à la suite de ses travaux, ne lui aient été fort profitables. L'habitude de déchiffrer les textes français et latins lui enseigna plus tard à déchiffrer les textes bien autrement difficiles des idiomes asiatiques. La sagacité merveilleuse dont ses amis lui ont vu donner tant de preuves, s'est aiguisée, s'est formée à ces premiers essais; et l'école des Chartes, qui peut se glorifier de l'avoir compté parmi ses élèves, peut aussi revendiquer une certaine part dans les études auxquelles elle le prépara si bien. Les écritures des différents peuples, toutes dissemblables qu'elles paraissent, ont beaucoup de traits communs, jusque dans leurs modifications les plus bizarres; et c'est un instrument bien pratique pour les démêler que d'en avoir une fois pénétré même une seule à fond. Pour qui connaît les manuscrits sur lesquels M. Eugène Burnouf a consumé son existence et ses forces, il est certain que ce passage à l'école des Chartes, loin d'avoir été pour lui une déviation, a été, au contraire, une sorte d'acheminement. Les études de droit non plus ne l'ont pas écarté autant qu'on pourrait le croire ; et, en retrouvant, tout récemment, dans ses papiers un *Mémoire* étendu *sur quelques points de l'ancienne législation civile des Indiens* et des *Notes* nombreuses *sur les digestes hindous,* on pouvait se dire que l'élève en droit n'avait pas tout à fait perdu le temps du philologue, et que M. Eugène Burnouf aurait bien moins compris Manou et Yâdjnavalkya s'il eût été moins versé dans les matières de législation. La thèse qu'il passa en 1824 fut très remarquable ; elle fut beaucoup louée des professeurs devant lesquels il la soutint, et elle reste encore dans la mémoire de ceux qui l'ont connue. Doué d'une très réelle facilité de parole et d'infiniment d'esprit, M. Eugène Burnouf eût réussi certainement au barreau ; et il s'y serait fait, selon toute apparence, une position brillante et lucrative. Il a préféré les austérités de la science, et il a eu raison, quoique la science ne lui ait pas toujours rendu ce qu'elle lui devait.

C'est en 1826 que la vocation de M. Eugène Burnouf fut irrévocablement fixée. Dans cette année, il publia, de concert avec M. Chr. Lassen, son *Essai sur le pâli ou langue sacrée de la presqu'île au delà du Gange.* Patronné par Abel

Rémusat, imprimé par la Société asiatique de Paris, dont M. Eugène Burnouf était secrétaire adjoint, cet ouvrage fut le précurseur de ces nombreux travaux qui devaient faire sa gloire et contribuer à celle de notre pays. On ne peut pas prétendre qu'on trouve dans l'*Essai sur le pâli* toutes les qualités éminentes qui se sont développées plus tard dans le *Commentaire sur le Yaçna* et dans l'*Introduction à l'histoire du bouddhisme indien;* pourtant, dans cette œuvre d'un jeune homme qui avait à peine vingt-cinq ans, on voit déjà le caractère spécial qui marquera les œuvres les plus mûres de M. Eugène Burnouf: l'invention, appuyée sur la méthode la plus rigoureuse et la plus circonspecte.

Que savait-on du pâli en 1826? Nommé pour la première fois par La Loubère, dans sa Relation du royaume de Siam, en 1687, le pâli était si peu connu, vers la fin du xviiie siècle, qu'on le confondait souvent avec le pehlvi, langue à demi sémitique, qui, en Perse, a succédé à l'antique zend. Le père Paulin de Saint-Barthélemy, plus d'un siècle après La Loubère, avança qu'on ne pouvait comprendre le pâli sans le sanskrit; et il essaya de le prouver par quelques comparaisons qui, sans être fausses, n'étaient ni assez étendues, ni assez décisives. Le docteur Buchanan et surtout Leyden, tous deux dans des mémoires insérés aux *Recherches asiatiques,* t. VI (p. 305), et t. X (p. 281), étaient allés plus loin. Le second, surtout, avait montré les rapports incontestables du pâli avec le sanskrit, le prakrit et le zend; il se proposait d'en faire une étude toute particulière et d'en publier une grammaire, lorsqu'il mourut. Voilà où en était la connaissance du pâli quand M. Eugène Burnouf s'en occupa. C'était comme une énigme qu'on avait tenté de comprendre, et à laquelle on avait renoncé. Il la sut résoudre d'une manière définitive, du moins dans ses données essentielles. Il démontra que le pâli, langue sacrée et savante employée pour la religion du Bouddha à Ceylan, au Birman, à Siam, au Tchiampa, etc., n'était qu'un dérivé du sanskrit; et que, parlé au ve siècle de notre ère, et sans doute bien plus tôt, à Ceylan, où le bouddhisme avait été introduit huit cents ans auparavant, c'était de là qu'il avait été transporté, avec la religion même, dans les pays si divers où on le retrouve aujourd'hui. Cette découverte, car c'en était une, même après les indications du père Paulin de Saint-Barthélemy et celles de Leyden, était prouvée par une comparaison régulière et lumineuse de la grammaire pâlie et de la grammaire sanskrite. Les règles principales de la dérivation des mots étaient fixées ; et, phénomène philologique assez curieux, le pâli était rattaché au sanskrit par des liens plus étroits encore que ceux qui unissent l'italien au latin. L'atténuation de toutes les articulations un peu fortes est le trait distinctif du pâli, comme elle l'est aussi de l'italien, à l'égard de l'idiome viril d'où il est sorti. Du reste, les déclinaisons et les conjugaisons, ainsi que la syntaxe, sont identiques en pâli et en sanskrit ; les racines sont à peu près toutes les mêmes ; et, pour qui saurait l'une des deux langues, il serait facile de passer à l'autre, en observant les lois de la permutation, qui sont d'une exactitude et d'une précision vraiment surprenantes.

C'était beaucoup d'avoir révélé les origines d'une langue aussi répandue que le pâli, et consacrée aux monuments religieux de tant de peuples ; c'était beaucoup d'en avoir rendu l'intelligence possible et aisée. Mais M. Eugène Burnouf, lui-même, était fort loin, en 1826, de se douter de la richesse du domaine qu'il venait d'ouvrir. Il ne le sut bien que de longues années plus tard, quand les annales du bouddhisme attirèrent son attention, et qu'il put confronter la rédaction sanskrite des *Soûtras* bouddhiques du Népâl, au nord de l'Inde, avec la rédaction pâlie qui en avait été faite au sud, à 300 lieues de là, dans l'île de Ceylan. Le pâli dut lui apparaître alors comme l'un des deux idiomes sans lesquels il est interdit de rien savoir de positif sur la religion du Bouddha. Il dut alors se réjouir d'avoir commencé de si bonne heure, et à peu près en même temps, ces deux études, qui sont la clef de toutes les autres, et qui devaient, entre ses mains, produire des résultats si nouveaux. C'est là ce qui nous explique comment il consacra tant de travaux à l'étude du pâli jusqu'à la fin de sa carrière, et comment, si la mort ne l'eût sitôt abattu, il aurait donné au monde savant une grammaire pâlie, dont les matériaux se retrouvent presque entièrement réunis dans les manuscrits qu'il laisse.

Mais n'anticipons pas ; on parlera plus loin en détail de ces manuscrits si précieux et si considérables.

L'*Essai sur le pâli* révélait donc un grand fait philologique, plein des conséquences historiques les plus importantes ; mais, on le devine sans peine, cet ouvrage n'était possible qu'à une condition, qui est la connaissance approfondie du sanskrit. Vers 1820, cette connaissance, assez peu répandue même aujourd'hui, malgré les immenses progrès qu'elle a faits, était excessivement rare. Les secours étaient peu nombreux et peu accessibles ; il fallait un grand courage pour tenter des études qui ne faisaient que de naître. Il est vrai que ces études promettaient beaucoup, et qu'elles devaient tenir plus encore qu'elles ne promettaient. Mais ce n'était pas une sagacité commune que de comprendre dès lors tout ce qu'elles renfermaient, et de dédaigner les vaines critiques dont elles étaient trop souvent l'objet. Il y avait encore, à cette époque, des esprits, d'ailleurs éminents, qui niaient l'existence de la littérature sanskrite, et dont les sarcasmes, assez spécieux, auraient bien pu refroidir l'ardeur d'un jeune homme. M. Eugène Burnouf, bien qu'il ait plus d'une fois souffert de ces paradoxes extravagants, si ce n'est intéressés, n'en tint aucun compte ; et il fut, dès qu'il le put, un élève assidu de M. de Chézy. Son excellent père lui en donnait l'exemple depuis longtemps. Dès 1817, tout au moins, M. Burnouf, le père, possédait le sanskrit, et l'on retrouve ses premiers travaux sous cette date, dans les papiers du fils. Ainsi, Eugène Burnouf n'a fait encore en ceci que suivre l'exemple et les enseignements paternels ; c'est un service de plus que l'auteur de la grammaire grecque aura rendu à la philologie. On ne voudrait pas affirmer que, sans les conseils de son père, M. Eugène Burnouf, que la nature avait créé philologue, ne fût pas arrivé spontanément à l'étude du sanskrit, vers laquelle tout devait l'attirer. Mais c'est un sérieux avantage d'être conduit de si bonne heure, et par une affection de famille, aux labeurs dont on doit faire le but de sa propre vie ; et, sans ce guide éclairé, M. Eugène Burnouf aurait peut-être perdu quelque temps à trouver la voie que lui indiqua heureusement une initiative si ferme et si douce.

A peu près inconnu de tout le xviiie siècle, cultivé vers 1780 avec succès dans les établissements de l'Inde, grâce à la conquête anglaise et ensuite à la Société asiatique de Calcutta, qu'avait fondée le génie de Villiam Jones, expliqué dans des grammaires d'abord assez imparfaites, le sanskrit resta presque ignoré de l'Europe savante jusqu'à l'époque de la Restauration. La France eut la gloire de fonder la première chaire où cette langue fut enseignée en Europe ; c'est M. de Chézy, comme on le sait, qui l'occupa de 1815 à 1832. M. de Chézy, attiré de l'étude du persan à celle du sanskrit, s'était formé, presque tout seul sur le continent, loin de toutes ressources, par une sagacité extrordinaire et par une infatigable patience. En homme de goût, il s'était attaché par-dessus tout aux beautés littéraires du sanskrit ; et c'était sous le rapport de la forme qu'il voulait le recommander à l'attention des savants. En face des modèles grecs, c'était pousser un peu loin l'aveuglement, d'ailleurs très excusable, de l'enthousiasme. La littérature sanskrite, toute belle qu'elle est à certains égards, ne peut soutenir la comparaison avec la littérature grecque. Mais il y avait bien plus dans le sanskrit que des beautés littéraires ; la philologie y retrouvait, d'une manière évidente et incontestable, l'origine de toutes les langues principales qu'a parlées ou que parle l'Europe. Le grec, le latin, le celte, l'allemand, le slave, avec tous leurs dialectes dérivés, ont puisé à cette source commune, peu importe d'ailleurs à quelles époques. Ce fait, aussi inattendu qu'immense, aussi certain que surprenant, était démontré ; et l'histoire devait dès lors, bien qu'elle ne connût pas exactement la route, faire remonter, par les langues, toute la civilisation occidentale jusqu'aux plateaux de l'Asie centrale.

On conçoit qu'un fait de cet ordre n'émût pas seulement les imaginations, mais qu'il séduisît aussi les esprits les plus positifs et les plus exacts. Ce fait était établi avec une certitude plus que mathématique ; et rien qu'à le prendre par le côté de la philologie, il était assez grand et assez curieux pour exciter les plus vastes et les plus pénibles labeurs. MM. Burnouf devaient en être frappés plus particulièrement que qui que ce soit ; tant de recherches données à l'intelligence de la langue grecque devaient leur rendre plus précieuse qu'à personne la découverte inespérée de ses origines. Voilà pourquoi le père d'abord, et le fils ensuite, ont cultivé le sanskrit. A leurs yeux, comme aux yeux de tous les juges éclairés, le sanskrit mérite de nos jours tout autant d'intérêt que le xve et le xvie siècles en accordèrent à l'étude du grec. On peut même dire sans exagérer que le sanskrit a de plus pour lui l'attrait d'une nouveauté que le grec n'avait point à l'époque de la Renaissance. La tradition qui rattache la civilisation moderne à la civilisation gréco-latine ne s'était jamais rompue ; et, en remontant à la pensée hellénique, on ne faisait que revenir à un passé déjà bien connu, si d'ailleurs il pouvait l'être mieux encore. Mais pour le sanskrit, qui savait, avant les travaux de William Jones, de Wilkins, de Colebrooke, de de Chézy, tout ce que nous lui devions? Qui savait que c'était là qu'il fallait aller chercher le berceau de tant d'idiomes, et, par ces idiomes, de tant de croyances mythologiques, religieuses et philosophiques? On doit dire, à l'honneur des principales nations de l'Europe, que des études si neuves et si importantes furent accueillies avec empressement, dès que l'on comprit les conséquences qui en pouvaient sortir. Sur les pas de la France, plusieurs gouvernements fondèrent des chaires publiques de sanskrit. Le développement rapide qu'ont acquis ces études, les monuments qu'elles ont déjà produits et tous ceux qu'elles promettent encore à de longs siècles d'études, l'importance et la variété de ces monuments, attestent assez que les gouvernements européens ont bien fait d'en croire les conseils des philologues, et que ceux-ci n'ont pas mal placé leur admiration et leurs veilles.

M. Eugène Burnouf, instruit tout ensemble

par ses deux maîtres, son père et M. de Chézy, et par son propre talent, eut bientôt dépassé les leçons qu'il recevait; et l'on ne craint pas d'affirmer que, dès ce temps, il savait le sanskrit comme il sera donné à bien peu de gens de le savoir jamais. On insiste sur ce point, parce que c'est à l'aide du sanskrit que M. Eugène Burnouf a pu concevoir toutes ses entreprises, et que, sans cet instrument tout-puissant, il n'eût pu accomplir aucune de ses découvertes.

La première application qu'il en fit, après l'*Essai sur le pâli,* fut son cours à l'École normale sur la grammaire générale et comparée. Cette conférence avait été créée pour lui en 1829, et il remplit ces fonctions jusqu'en février 1833. Quand cette chaire fut fondée, il était à peu près le seul qui pût l'occuper; et quand elle fut détruite, après sa démission, il eût été très difficile de le remplacer. Quoique M. Eugène Burnouf n'ait rien publié de ses leçons, elles avaient laissé de tels souvenirs, non pas seulement parmi ses auditeurs, mais encore dans toutes les générations qui depuis vingt ans se sont succédé à l'École normale, que les rédactions insuffisantes qui en furent faites sont encore aujourd'hui très recherchées par les élèves et par les candidats; ils les ont fait lithographier pour en répandre l'usage; les cahiers passent religieusement de mains en mains, d'une promotion à une autre. On pouvait croire que l'auteur n'avait rien conservé pour lui-même de ce cours, qu'il regardait peut-être comme une incomplète épreuve du professorat; mais on a retrouvé ce cours, écrit presque tout entier de sa main; et, bien que la rédaction faite à la hâte ne soit pas absolument arrêtée, la plus grande partie mériterait de voir le jour et pourrait affronter les regards de la critique.

Sans doute, E. Burnouf eût fait de grands changements à cet ouvrage de sa jeunesse, s'il eût cru plus tard devoir l'offrir au public; mais, dans l'état même où il se trouve, il est digne d'être conservé, et l'on est assuré que l'impression ne ferait aucun tort à l'érudition et à la renommée de M. Eugène Burnouf. Le manuscrit ne comprend pas moins de 450 pages in-4°, d'une écriture fine et serrée; il ne va pas au delà des deux premières années du cours. Dans ces deux premières années, le professeur, comme il le dit lui même, « avait donné une notion exacte et
« complète des diverses parties du discours, en
« usage dans les langues anciennes et dans les
« dialectes modernes de l'Europe; c'étaient les

« principes généraux d'une théorie philoso-
« phique du langage ». Après ces prolégomènes
sur la grammaire générale et comparée, ou plutôt la grammaire comparative, et sur l'histoire
de cette science, M. Eugène Burnouf se proposait d'étudier le grec et le latin, et de les rappro-
cher du sanskrit et des langues de cette famille.

Il devait ensuite faire en troisième année la critique des méthodes d'enseignement pour les
langues, et cette critique était la fin et comme
la justification du cours entier. Il n'est pas besoin d'être très versé dans ces matières pour
voir qu'il y avait dans ce programme, rempli par
un savant de ce mérite, tous les éléments d'une
rénovation pour l'étude des langues. Ce cours
n'a pas été continué ; mais le besoin s'en est
toujours fait sentir, si ce n'est pour l'école qui
l'avait possédé quelque temps, du moins pour
l'enseignement supérieur. Il n'est plus possible
désormais de faire une étude sérieuse du latin
et du grec sans remonter jusqu'au sanskrit, et
M. Eugène Burnouf aura été parmi nous le premier à inaugurer un enseignement qui nous
manque, et que tôt ou tard il faudra reconstituer.

On ne fait que mentionner le prix remporté en
1831 par M. Eugène Burnouf sur la transcrip-

tion des écritures asiatiques en lettres latines. Ce prix, fondé par Volney, n'existe plus ; et le sujet, un peu trop restreint, a été modifié pour le rendre plus accessible à la science. Les papiers de M. Eugène Burnouf ne renferment que des notes assez nombreuses sur ce travail ; mais la rédaction originale doit se trouver dans les archives de l'Institut, qui l'a couronnée.

Telle était donc la situation scientifique de M. Eugène Burnouf dans la première partie de sa carrière. Déjà connu par l'*Essai sur le pâli*, et en outre par des notices intéressantes sur l'Inde française, secrétaire de la Société asiatique de Paris en 1829, après avoir été un de ses fondateurs, professeur très autorisé, quoique novateur, à l'École normale, membre de l'Institut à la place de Champollion le jeune, professeur de sanskrit au Collège de France à la place de M. de Chézy, membre du *Journal des Savants* à la place de M. Saint-Martin, il promettait à l'érudition nationale les travaux les plus neufs et les plus distingués, quand, en 1833, la publication de son *Commentaire sur le Yaçna* vint réaliser et dépasser même toutes les espérances. Voilà le premier de ses grands monuments ; arrêtons-nous-y quelques instants. *Yaçna* est le mot zend que

M. Eugène Burnouf a cru devoir rétablir. *Izes-chné,* que l'on trouve dans le Zend-Avesta d'Anquetil-Duperron, est la transcription pehlvie que lui avaient transmise les Parsis du Guzarate.

On sait que le *Yaçna* est un des livres religieux des Parsis, ou sectateurs de la religion de Zoroastre, qui restent encore aujourd'hui dans quelques districts de la Perse et de l'Inde, où ils sont dispersés et peu nombreux. Le *Yaçna,* comme l'étymologie même l'indique, est le livre de la liturgie, le livre des prières prononcées au moment du sacrifice. Il fait partie d'un recueil que les Parsis appellent *Vendidad-Sadé,* et qui comprend, outre le *Yaçna,* le *Vendidad* proprement dit, et le *Vispered,* ou collections d'invocations. Le *Vendidad-Sadé* lui-même n'est qu'une portion très peu considérable des livres qui portaient le nom de Zoroastre, et que les Parsis regardent comme le fondement de leur loi. C'est un simple fragment de la vingtième section, ou naçka, de ces livres qui en avaient en tout vingt et une. Si, à ces trois morceaux du *Vendidad Sadé,* l'on en joint quelques autres beaucoup plus courts, que les Parsis conservent sous le nom de *Ieschts* et de *Néaeschs,* et qui sont des hymnes aux génies maîtres du monde, on aura l'ensemble des maigres débris de la grande religion qui régnait en Perse au temps de Cyrus. C'est là tout ce que le temps en a laissé subsister. Le temps a, de plus, aboli l'intelligence de la langue originale dans laquelle ces livres précieux ont été composés, même pour la nation, à peu près éteinte, qui leur demande encore ses inspirations religieuses.

En 1723, un Anglais, Georges Bourchier, avait apporté, de Surate, à Oxford un exemplaire zend du *Vendidad-Sadé,* et l'avait déposé à la bibliothèque de l'Université. Ce texte sans traduction n'était entendu de personne, et c'était une curiosité bien plutôt qu'un document. Plus tard, un Écossais, nommé Frazer, avait fait tout exprès le voyage de Surate pour compléter cette première acquisition; mais les prêtres des Parsis, les Mobeds, ne voulurent, ni lui communiquer les manuscrits, ni lui apprendre le zend et le pehlvi, qui seuls devaient les expliquer. En 1754, quelques feuillets calqués sur le manuscrit d'Oxford tombent par hasard sous les yeux d'Anquetil-Duperron, et il n'en faut pas davantage pour enflammer cette âme héroïque. Sans autres ressources que son courage, engagé comme simple soldat de la Compagnie des Indes, il part aussitôt pour un voyage de trois mille lieues, chez des peuples dont il ne connaît ni la langue ni les mœurs.

Après dix-sept ans de recherches, de fatigues, de travaux, il publie le *Zend-Avesta,* c'est-à-dire la traduction de tout ce qui reste des livres de Zoroastre, et il dépose, à notre grande bibliothèque, les textes originaux et les documents de toute sorte qu'il avait pu recueillir, livrant ainsi au contrôle du monde savant tous les résultats et tous les procédés d'un travail gigantesque, « qui pourrait sembler peu vraisemblable, « comme le dit M. E. Burnouf, s'il n'eût été « couronné par le succès ». Malheureusement la science d'Anquetil-Duperron n'égalait pas son grand cœur ; et la traduction qu'il donnait du *Zend-Avesta* n'était pas de lui. Sa modestie et sa sincérité, d'ailleurs, ne se l'attribuaient pas. Il la devait aux Mobeds du Guzarate, aux prêtres parsis avec qui il avait longtemps vécu. Mais ces prêtres, qui la lui fournissaient, ne comprenaient plus la langue même du *Zend-Avesta ;* ils ne comprenaient aussi que très imparfaitement la traduction pehlvie, qui, dans des temps très reculés, avait pris canoniquement la place du vieil idiome zend, devenu inintelligible. Bien plus, il était certain que les Parsis du Guzarate auxquels s'était adressé Anquetil-Duperron, n'avaient à lui donner qu'une tradition suspecte. Leurs ancêtres, chassés de la Perse par la conquête musulmane, et fixés dans l'Inde après deux cents ans environ de courses et d'émigrations, avaient perdu, vers le xive siècle de notre ère, la copie du *Vendidad-Sadé,* que les exilés avaient apportée de leur patrie. Il avait fallu qu'à cette époque un destour nommé Ardeschir, venu tout exprès du Sistan, leur donnât un exemplaire accompagné de la traduction pehlvie. Dans des temps beaucoup plus rapprochés, au début du xviiie siècle, un autre destour du Kirman, Djamasp, avait dû venir dans le Guzarate pour enseigner de nouveau le zend et le pehlvi aux Parsis, et pour corriger les copies fautives qu'ils avaient des livres saints.

Ainsi, la traduction d'Anquetil-Duperron, arrivée en français à travers trois ou quatre langues, n'était qu'une tradition incertaine, et, selon toute apparence, fort altérée. Elle pouvait donner peut-être une idée assez vraie du sens du *Vendidad-Sadé ;* mais elle ne donnait presque aucune lumière sur la langue zende, dans laquelle il était écrit. C'est cette langue, on peut dire, que M. Eugène Burnouf a ressuscitée. D'abord, à l'aide d'une traduction sanskrite du *Yaçna,* faite, à la fin du xve siècle, par le Mobed Nériosengh, sur le texte pehlvi, il put rectifier la traduction qui avait été gardée par les Parsis du Guzarate et que reproduisait Anquetil. Mais, chose bien autrement difficile et considérable, il expliqua tous les mots zends, dans leurs formes grammaticales, dans leurs racines, dans leur vraie signification ; il fit revivre, avec toutes les preuves que peut exiger la philologie la plus méticuleuse, un idiome qui ne vivait déjà qu'à l'état de langue sacrée et liturgique dès le temps de Darius, fils d'Hystaspe. Comment avait-il pu faire cette évocation miraculeuse, que personne avant lui n'avait osé tenter? Il nous a livré son secret tout entier dans la préface du *Yaçna.* Mais ces secrets ne sont qu'à l'usage de ceux qui peuvent eux-mêmes les découvrir. La traduction d'Anquetil lui indiquait le sens général du texte, comme celle de Nériosengh, qui, malgré le sanskrit barbare dans lequel elle est écrite, avait l'avantage d'être de trois siècles plus vieille. En outre, cette seconde traduction donnait à celui qui pouvait l'entendre, et, au besoin, la corriger, une foule de mots dont la racine se rapprochait de celle des mots zends correspondants, ou qui même quelquefois leur était identique.

C'est de ce fait heureusement compris et poussé jusqu'aux dernières conséquences, que M. Eugène Burnouf a tiré tous les matériaux de son édifice : c'est la clef de sa découverte. A l'aide de cette confrontation perpétuelle du sanskrit et du zend, il a pu établir ce grand résultat, inconnu jusqu'à lui, que la langue zende, quelque nom d'ailleurs qu'on lui donne[1], est contempo-

---

1. Dans plusieurs passages de l'avant-propos du *Yaçna*, pp. vii, xv et xvi, M. Eugène Burnouf émet un doute sur l'authenticité du mot *zend*, par lequel Anquetil-Duperron, après les Parsis du Guzarate, désigne la langue dans laquelle sont écrits les livres de Zoroastre. Il pense que le mot *zend* est simplement le nom des livres et non pas celui de l'idiome. Dans l'invocation, ou plutôt dans la petite préface que Nériosengh a mise en tête de sa traduction, il déclare qu'il a fait sa traduction sanskrite du *Yaçna* sur un livre pehlvi ; et voici les mots dont il se sert :

idam idjisnidjamdapoustakam......pah alavîdjamdât.

« Ce volume, nommé le livre Idjisni (izeschné. yaçna), *a été traduit* du livre Pahalavi (Pehlvi). »

M. Eugène Burnouf, tout en retrouvant dans les mots *djamda* et *djamdât* la transcription dévanagarie du mot *zend*, ne donne à ce mot que le sens de *livre*, « qu'il a dans plusieurs auteurs orien- « taux » ; et il ne lui accorde pas le sens spécial que lui attribue Anquetil-Duperron. Il se proposait de discuter ce point important dans une dissertation spéciale (voir la note de la page xvi, avant-propos du *Yaçna*), qui devait être toute prête dès cette époque (1833), si l'on en juge par la manière dont il l'annonce. Cette dis-

raine du dialecte primitif des Védas; et que, sans venir du sanskrit, ni l'avoir produit, le zend, moins développé que lui, a puisé à une source commune, comme y ont puisé, bien que dans des proportions inégales, tous les idiomes de la famille sanskritique, le sanskrit lui-même, le grec, le latin, le germain, etc. Mais ce n'était point assez que de comprendre vaguement le texte comme Anquetil et les Parsis le comprenaient; il fallait déterminer la forme et la valeur grammaticales de chaque mot en particulier, pour reconstruire chaque proposition. A ce premier travail, il fallait en joindre un second, plus épineux encore : c'était, en dépouillant chaque mot de ses désinences formatives et suffixes, de le réduire à son radical, et, une fois maître de ce radical, en préciser le sens, en le demandant, soit aux racines sanskrites, qui le fournissaient dans la plupart des cas, soit au grec, au latin, aux idiomes

---

sertation n'a point paru. On en peut trouver des parties dans les *Études sur la langue zende*, p. 370 et suiv. On comprend, d'ailleurs, que ce dissentiment entre M. Eugène Burnouf et Anquetil-Duperron, bien qu'il porte sur un point très curieux, ne touche pas au fond des choses. Nous n'en connaissons pas moins les livres de Zoroastre, quel que soit le nom de la langue dans laquelle ils ont été composés.

germaniques, etc., selon les besoins de chaque cas spécial. La presque totalité des radicaux zends ont dû céder à cette analyse, qu'on peut appeler incomparable, qu'ils se trouvassent dans le sanskrit védique exclusivement, ou simplement dans les listes des racines notées par les grammairiens, quoique sans usage, ou dans toute la famille sanskritique, ou enfin dans le persan moderne. Un très petit nombre de radicaux a résisté. Pour les vaincre, M. Eugène Burnouf a pris un procédé bien plus délicat qu'aucun de ceux que l'on vient de rappeler. Grâce aux lois de la permutation des lettres, qu'il avait constatées entre un grand nombre de mots zends et sanskrits, il a pu ramener presque tous ces radicaux réfractaires aux formes connues, sous lesquelles ils se présentent dans d'autres idiomes.

C'est ainsi que la langue zende a été reconstituée par lui de toutes pièces. Mais quelle science, quels travaux, quelle méthode, ne supposent point des tours de force de ce genre en philologie ! Quelle sagacité infaillible, quelle mémoire imperturbable, quelle persévérance invincible !

Pour arriver à ce prodigieux résultat, M. Eugène Burnouf s'était créé des instruments personnels, dont ceux-là seuls connaissent bien toute la difficulté et toute la puissance qui ont été initiés à ces labeurs intimes. Dès 1829, il avait fait autographier à ses frais[1] et publié le texte du *Vendidad-Sadé,* en un volume in-folio ; puis, il s'était construit des index, composant plusieurs volumes in-folio, de tous les mots du *Vendidad-Sadé,* des *Ieschts* et *Néaeschs,* du *Minokered,* dialogue, en pazend, entre l'esprit divin et Zoroastre, du *Sirouzé,* ou éloge des génies qui président aux jours du mois, de toutes les variantes des divers manuscrits du *Vendidad-Sadé,* etc. En un mot, il avait fait, pour son usage privé, et plus tard pour celui du public, un dictionnaire zend, d'après tous les fragments qui nous sont restés de cette langue, morte depuis vingt-cinq siècles.

D'ailleurs, le *Commentaire sur le Yaçna* ne va pas au delà du premier chapitre, ou Hâ ; et cet ouvrage en contient à lui seul soixante-douze, sans compter le *Vendidad* et le *Vispered.* M. Eugène Burnouf se proposait d'expliquer par la même méthode le *Vendidad-Sadé* tout entier ; et

---

1. Les neuf premières livraisons ont paru aux frais personnels de M. E. Burnouf ; la dixième et dernière, qui n'a paru que beaucoup plus tard, en 1843, a été publiée par un employé de la bibliothèque de l'Institut.

il a donné, de 1840 à 1850, au *Journal asiatique* de Paris, un grand nombre d'articles qui continuent le *Commentaire sur le Yaçna,* et qu'il a réunis en un volume in-8 sous le titre d'*Études sur la langue et sur les textes zends.* Il a laissé, en outre, une masse considérable de notes, qui pourraient fournir la matière de plusieurs volumes aussi intéressants et aussi étendus que celui-là. Dès 1833, la traduction du *Vispered* était à peu près achevée, comme l'annonçait l'avant-propos du *Yaçna* (page xxxv).

Mais, si le *Commentaire sur le Yaçna,* et même les matériaux laissés par M. Eugène Burnouf, sont loin d'expliquer la totalité des livres zends, ces secours suffisent cependant pour qu'il soit possible aujourd'hui de poursuivre et d'achever le travail commencé. La méthode est donnée; une application, qui peut servir de modèle, en a été faite avec un plein succès; c'est une route qu'on peut suivre désormais avec sécurité. Il est vrai qu'il faudrait pour la parcourir les mêmes facultés qui distinguaient celui qui l'a ouverte; mais ses successeurs auront de moins la peine de l'invention; et l'on ne risque guère de s'égarer, dans les contrées même les moins explorées, quand on y a été précédé par un guide aussi courageux et aussi clairvoyant. La forme sous laquelle l'auteur a présenté le *Yaçna* au monde savant, a été quelque fois critiquée, et l'on ne peut pas dire qu'elle soit attrayante; mais c'était la seule qui pût être vraiment démonstrative et vraiment utile. Si M. Eugène Burnouf s'était borné à refaire Anquetil-Duperron, eût-il eu mille fois raison, ses corrections fussent toujours restées douteuses et contestables. Il ne faut pas oublier que c'est en quelque sorte un dictionnaire zend qu'il avait à faire; et, quoique le sens religieux et philosophique des livres de Zoroastre soit le but dernier de toutes ces recherches, M. Eugène Burnouf, au point où il les prenait, avait surtout à s'occuper du sens philologique de cet idiome inconnu. Il nous en a donné l'interprétation avec une certitude inébranlable; et, grâce à lui, toutes les inductions que l'histoire et la philosophie pourront tirer de ces vénérables monuments, reposent désormais sur une base scientifique.

Le travail de M. Eugène Burnouf sur les livres zends eut une conséquence très curieuse et presque immédiate (1834) : c'est que les Parsis du Guzarate, s'inspirant de son exemple, firent autographier une de leurs copies du *Vendidad-*

Sadé, comme il avait fait autographier une de celles qu'avait rapportées Anquetil-Duperron. Un exemplaire du Vendidad-Sadé, offert par les Parsis à M. Eugène Burnouf, figure à côté du sien dans les rayons de sa bibliothèque. On peut ajouter, chose plus curieuse encore, que, dans une polémique religieuse que les Parsis de Bombay ont soutenue dans ces derniers temps contre des missionnaires protestants, on s'est servi, de part et d'autre, en citant les livres de Zoroastre, de l'interprétation qu'en avait donnée le *Commentaire sur le Yaçna*. C'était la science du jeune philologue français qui faisait autorité pour les adorateurs d'Ormuzd [1].

Cette connaissance exacte du zend, entée sur la connaissance profonde du sanskrit, permit à M. Eugène Burnouf de faire faire quelques progrès inattendus à une étude qui était alors très peu avancée, et qui depuis a marché à pas très rapides : c'est celle des inscriptions cunéiformes. On connaissait, à cette époque, un certain nombre d'inscriptions de ce genre, copiées plus ou moins

---

1. Je devais l'indication de ce fait, si honorable pour les travaux de M. E. Burnouf et pour l'érudition française, à l'obligeante communication de mon honorable ami et confrère, M. J. Mohl.

exactement par des voyageurs, Corneille de Bruyn, ou Lebrun (1772), Niebuhr (1772), Schulz, W. et Gore Ouseley, Morier, Ker-Porter, Witsen, etc. Ces inscriptions, qu'on avait trouvées à plusieurs centaines de lieues les unes des autres, dans les ruines de Persépolis, sur les rochers de l'Alvande, l'ancien Oronte, près d'Hamadan, sur les murs du château de Vân, près d'Ecbatane, à Tarkou, étaient gravées avec le plus grand soin, et d'après certaines règles uniformes qui annonçaient des monuments officiels. Quelques-unes se reproduisaient fidèlement l'une l'autre; et tout portait à croire qu'elles avaient été consacrées à rappeler quelques-uns des faits les plus importants de l'histoire de l'ancienne Perse.

Mais dans quelle langue étaient-elles écrites? et, comme plusieurs étaient en trois langues, ainsi que l'attestaient trois systèmes différents de caractères, quelles étaient les trois langues dont les Grands-rois avaient cru devoir se servir pour parler à leurs sujets et à la postérité? Mais, avant de savoir dans quelle langue étaient écrits ces monuments, il fallait les lire. M. Grotefend, occupé de ces questions depuis le début du siècle, avait pu déchiffrer les noms de Darius, de Xerxès et d'Hystaspe; plus tard, M. Saint-

Martin, et plus précisément encore M. Rask, avaient lu celui d'Achéménès, écrit Aqâmnôsôh. M. E. Burnouf vint confirmer et agrandir tous ces renseignements ; il lut et traduisit les deux inscriptions tout entières trouvées près d'Hamadan, l'une de Darius, l'autre de Xerxès ; et il démontra que la langue de ces deux inscriptions, écrites dans le système cunéiforme appelé persépolitain, n'est pas le zend des livres de Zoroastre. Elle appartient seulement à la même souche ; elle s'en rapproche plus que du sanskrit, et on peut la regarder, à certains égards, comme le commencement du persan moderne. Par là, l'existence du zend se trouvait datée d'une manière assez approximative ; il était constaté que, dès le cinquième siècle avant notre ère, le zend n'était plus une langue qu'on entendît et qu'on parlât vulgairement en Perse.

Ce qu'il importe de remarquer, dans une étude qui a donné, comme celle-ci, naissance à des questions de priorité, c'est que, dès l'année 1833, au plus tard, M. Eugène Burnouf était en possession de tous ces résultats, et qu'il les résumait dans une note qu'on peut lire à la page 16 de son *Commentaire sur le Yaçna*, Invocation. On doit ajouter que ses travaux sur les inscriptions cunéiformes Persépolitaines n'ont reçu aucune atteinte des nombreuses et remarquables recherches qui ont été faites depuis lors. Après les grandes découvertes de M. Botta, dans les ruines de Ninive, M. Eugène Burnouf, si heureux pour le déchiffrement de l'écriture Persépolitaine, avait tenté le même effort sur les deux autres systèmes cunéiformes, appelés médique et assyrien. En dépit de toute sa sagacité et de longs essais, qui se retrouvent dans ses papiers, il n'avait pu réussir à percer ce mystère, qui, sans doute, ne restera pas toujours impénétrable. Il lui eût peut-être été donné de le dévoiler, si la mort ne l'eût arrêté si tôt. Mais il se satisfaisait si difficilement lui-même, qu'il n'a rien voulu publier de ces travaux, qui, du reste, n'étaient pas spécialement les siens, malgré toute l'aptitude qu'il y pouvait apporter.

Les deux derniers monuments dont il nous reste à parler, sont purement sanskrits. L'un, qui est le plus étendu si ce n'est le plus important et le plus ancien, c'est le *Bhâgavata-Pourâna*, qui fait partie de la magnifique Collection orientale que publie l'Imprimerie nationale. Il forme déjà trois volumes in-folio ; et, quand il eût été fini, il en aurait compris six très probablement.

Le dernier aurait été consacré aux notes et aux éclaircissements. Les trois volumes qui ont paru ne s'étendent pas au delà du neuvième livre, et ils ne renferment que le texte et la traduction française, avec des introductions.

On sait ce que c'est que les *Pourânas* dans la littérature sanskrite. Au nombre de trente-six, dont dix-huit principaux, les *Pourânas* sont des légendes demi-religieuses, demi-poétiques et philosophiques. Ils remontent tous à l'origine des choses, et traitent en général des sujets suivants, qui en sont comme la matière obligée et presque canonique : La création, la destruction des mondes, la généalogie, le règne des Manous, et l'histoire des familles. Parfois ces cinq « caractères », qui constituent le *Pourâna* ordinaire, sont portés à dix pour le grand *Pourâna*. Les *Pourânas*, très répandus encore aujourd'hui dans l'Inde, sont la lecture habituelle des populations peu instruites. D'abord composés en sanskrit, ils ont été traduits dans tous les dialectes vulgaires de la presqu'île ; ils remplacent, pour les classes inférieures de la société indienne, les *Védas*, dont la lecture leur est interdite. Mais les Brahmanes, qui se sont réservé le privilège des livres saints, n'ont pas livré au hasard l'éducation religieuse des castes placées au-dessous d'eux ; ils ont réussi à la diriger comme ils le voulaient, au moyen de ces vastes et singulières compositions, qui suffisent aux imaginations indiennes, tout en les égarant. Les *Pourânas* ont servi l'esprit de secte, comme on peut le supposer ; et, selon les temps, selon les lieux et les croyances dominantes, ils ont pris, tout en restant dans les limites prescrites, des couleurs diverses, qu'il est facile de reconnaître. Ils ont été, d'ailleurs, écrits à des époques très différentes ; et, bien que le fond commun qui leur est imposé, et qu'ils conservent, soit toujours fort ancien, quelques-uns d'entre eux sont récents. Le *Bhâgavata-Pourâna,* en particulier, passe pour le dernier de tous, et il ne remonte pas au delà du xiiie siècle de notre ère. On l'attribue avec beaucoup de vraisemblance au grammairien Vopadéva, connu par plusieurs autres ouvrages célèbres, et, entre autres, par la grammaire intitulée *Mougdha-bodha.*

Pour des esprits européens, la lecture du *Bhâgavata-Pourâna* est aussi fastidieuse que la pensée en est confuse. La traduction de M. Eugène Burnouf, admirable de fidélité et de clarté, n'a pu effacer les vices de l'original ; on dirait presque qu'elle les fait encore ressortir davantage. Il ne faudrait pas cependant que notre goût s'offensât trop vivement de ces défauts ; ce n'est pas pour nous que le livre a été fait; et comme le *Bhâgavata-Pourâna,* venu le plus tard en date, résumait en quelque sorte toutes ces épopées cosmogoniques de l'Inde, il était peut-être encore le plus intéressant de tous. Mais pourquoi M. Eugène Burnouf a-t-il choisi un *Pourâna* pour le faire entrer dans la grande Collection orientale? Pourquoi n'a-t-il pas préféré des monuments d'un bien autre intérêt et d'une tout autre importance, dans la littérature indienne? les *Védas,* par exemple, le *Mahâbhârata,* le *Ramayana?* C'est là une question que j'ai souvent entendu faire, et que je me serais faite à moi-même si mes relations avec M. Eugène Burnouf ne m'eussent dès longtemps appris sa réponse. A l'époque où il entreprit la publication du *Bhâgavata-Pourâna,* Fr. Rosen allait publier les *Védas ;* M. de Schlegel donnait le *Ramâyana,* que M. l'abbé Gorresio, un des élèves les plus distingués de M. Burnouf, a publié d'une manière supérieure, avec une traduction italienne ; M. Bopp annonçait la traduction du *Mahâbhârata.* M. Eugène Burnouf, par une délicatesse qui l'honore, ne voulut pas empiéter sur ce qui lui semblait le domaine d'autrui ; et voilà comment il fut amené à s'occuper du *Bhâgavata-Pourâna*.

Le choix est peut-être d'autant plus regrettable, que, si l'on en excepte l'œuvre si remarquable de M. l'abbé Gorresio, les autres entreprises annoncées, ou n'ont point paru, ou n'ont paru que partiellement. La place que M. Eugène Burnouf ne voulut point occuper n'a pas été remplie par d'autres, comme le craignait son abnégation. On doit ajouter que les regrets doivent encore s'accroître quand on voit le labeur prodigieux qu'ont coûté à l'auteur ces trois volumes. Le texte, inédit en France, a été collationné sur de nombreux manuscrits et sur les éditions indiennes, avec un soin qui, pour ainsi dire, n'a laissé échapper aucune erreur. La traduction, fort difficile à cause de la bizarrerie des idées et de la diversité presque infinie du style, est à l'abri de toute critique ; et, comme il m'a été possible de voir personnellement à quel prix M. Eugène Burnouf obtenait tant de correction et d'exactitude, je puis dire, en laissant de côté le fond même de l'ouvrage, que les scrupules du philologue et de l'homme de goût ne peuvent pas être poussés plus loin. C'est ainsi que M. Eugène Burnouf avait pris la peine de scander et de vérifier un à un les vingt mille vers à peu près qui remplissent ces trois volumes. J'ai vu toute cette métrique notée de sa main, avec les remarques que lui fournissaient les rares irrégularités que Vopadéva s'est permises. J'ai vu également toutes les variantes préparées pour chacun des neuf livres, et un long travail très curieux sur les noms propres renfermés dans le *Bhâgavata*, qu'il avait fallu traduire pour en faire mieux comprendre la force et la portée. Le *Bhâgavata-Pourâna* demeure inachevé, bien que quelques travaux soient faits en partie pour les livres suivants. Quelles mains pourront terminer ce monument ?

On peut en demander tout autant, et avec bien plus de tristesse encore, pour l'*Introduction à l'histoire du Bouddhisme indien*. Mais voyons ce qui appartient en propre à M. Eugène Burnouf, dans cette grande révélation des origines authentiques d'une religion qui compte plus de trois cents millions de sectateurs, depuis le Népâl jusqu'à Ceylan, et depuis le Cachemire jusqu'à la Chine. Grâce à des travaux heureux et considérables de MM. Abel Rémusat, Turnour, Schmidt, Csoma de Körös, Ed. Foucaux, on peut connaître en partie l'histoire et les dogmes du

Bouddhisme. Mais les Chinois, les Singhalais, les Mongols et les Thibétains n'avaient fait que des traductions ; toutes précieuses qu'elles étaient, elles ne pouvaient tenir lieu des originaux. C'est un Anglais, M. Brian Houghton Hodgson, qui eut la gloire de les découvrir, dans les monastères bouddhiques du Népâl, contrée de l'Inde septentrionale, où toutes les traditions asiatiques reportaient le berceau de la religion du Bouddha. Pendant vingt-cinq ans de séjour et de recherches, M. Hodgson, résident de Kathmandou, se procura tous les livres canoniques ; et, avec une libéralité qu'on ne saurait trop louer, il en communiqua des copies aux Sociétés asiatiques de Calcutta, de Londres, de Paris. Lui-même publiait sur le Bouddhisme les renseignements les plus étendus et les plus neufs, tirés de ces matériaux jusqu'alors inconnus. La Société asiatique de Paris possédait quatre-vingt-huit ouvrages bouddhiques donnés, ou procurés, par M. Hodgson ; ils étaient tous en sanskrit, et ils recélaient le trésor entier d'une religion immense et ignorée.

Mais il fallait les lire et nous les expliquer. Ce fut la tâche à laquelle se dévoua M. Eugène Burnouf. Il y était préparé dès longtemps ; et, par une coïncidence assez heureuse, le Bouddhisme, qu'il étudiait au début de sa carrière, quand il publiait en 1826 l'*Essai sur le pâli,* est aussi le dernier sujet qu'aura touché sa main mourante. Il serait bien inutile d'analyser ici de nouveau l'*Introduction à l'histoire du Bouddhisme indien.* Cette analyse a été faite dans le Journal des Savants par M. Biot (cahier d'avril 1845), et l'on ne refait pas ce que M. Biot a une fois traité. Tous les mérites de ce grand livre ont été mis en lumière, et pleine justice a été rendue. On n'insiste donc pas et l'on se contente de s'en référer au jugement de notre illustre confrère.

L'*Introduction à l'histoire du Bouddhisme indien* devait comprendre un second volume, où M. Eugène Burnouf se proposait de faire, sur la collection des légendes bouddhiques en pâli, ce qu'il avait fait sur la collection du Népâl en sanskrit. Il se proposait aussi, dans cette autre partie de son œuvre, de discuter, avec toute l'étendue nécessaire, la question de la date du Bouddhisme. Il adoptait le système singhalais, qui place la mort du Bouddha 547 ans avant l'ère chrétienne. Malgré des recherches immenses, ce sujet n'a point été achevé par M. Eugène Burnouf; et cette seconde assise manque à son édifice. Il terminait, quand il a été frappé, l'impression d'un volume qui, sans remplacer celui qu'on attendait, complétera, du moins à quelques égards, celui qu'on possède. C'est la traduction d'un des principaux soûtras bouddhiques, *Saddharma Poundarika,* c'est-à-dire le *Lotus de la bonne loi.* Commencée voilà plus de quinze ans, cette traduction était retardée de jour en jour par les développements que prenaient ces études admirables, sous la plume de M. Eugène Burnouf. La préface au *Lotus de la bonne loi* était devenue peu à peu l'*Introduction à l'histoire du Bouddhisme indien,* dont nous n'avons que la moitié; et quelques-unes des notes qu'il ajoutait sans cesse à ce soûtra, forment, ainsi qu'on pourra bientôt s'en convaincre, des volumes et des traités entiers. Mais il sera temps de s'occuper de cette œuvre suprême de notre confrère, quand elle aura été publiée; et le monde savant n'aura pas longtemps à l'attendre. Quant au travail sur la collection singhalaise, il ne lui sera jamais donné; et, malgré toute l'utilité qui s'attache à la traduction du *Lotus,* on doit avouer que l'on préférerait de beaucoup l'analyse et la critique des livres bouddhiques de Ceylan. Regrets superflus! Il faut nous contenter de débris et de ruines qui, je le crains bien, ne seront plus relevées.

Quoi qu'il en soit, l'*Introduction à l'histoire du Bouddhisme indien,* tout incomplète qu'elle est, n'en aura pas moins fondé la véritable étude du Bouddhisme. C'est désormais en suivant les traces de M. Eugène Burnouf et en s'adressant aux originaux sanskrits, qu'on pourra la continuer. Grâce à lui, nous savons déjà quand est née cette religion à la fois si puissante et si absurde, comment elle s'est propagée au sein du Brahmanisme, en essayant de le réformer, quels sont ses dogmes essentiels, les phases principales par lesquelles elle a passé à ses débuts; et, comme le dit M. Eugène Burnouf lui-même, il nous a fait connaître le Bouddhisme indien jusqu'au moment où il entre dans l'histoire. C'était là le point capital pour nous. L'histoire du Bouddhisme nous est, ou nous sera connue par les annales des différents peuples qui l'ont successivement reçu. Ce qui nous intéressait par-dessus tout, c'était de savoir ce qu'était le Bouddhisme lui-même ; car l'histoire, en s'occupant des événements extérieurs, pouvait nous laisser ignorer le fond des doctrines d'où ces évenements étaient sortis. Cette connaissance exacte des dogmes bouddhiques a déjà produit une très grave conséquence : elle a dissipé toutes ces hypothèses insensées qui établissaient entre la religion chrétienne et le Bouddhisme des relations imaginaires. Il est désormais prouvé que le Bouddhisme est antérieur de six ou sept siècles au moins au Christianisme ; mais il n'est pas moins prouvé que le Christianisme est, par ses doctrines, plus loin encore de la religion bouddhique qu'elle ne l'est de lui chronologiquement. Comme on s'est trop souvent servi de ces hypothèses dans des camps opposés, il est bon de les réfuter une fois de plus, tout insoutenables qu'elles sont, et d'indiquer aux hommes amis de la vérité les documents où ils pourront la trouver dans toute sa simplicité et dans toute sa lumière. Au fond, le Bouddhisme n'est pas autre chose que l'adoration et le fanatisme du néant. C'est la destruction de la personnalité humaine, poursuivie jusque dans ses espérances les plus légitimes ; et l'on se demande s'il est au monde quelque chose de plus contraire au dogme chrétien, héritier de toute la civilisation antique, que cette aberration et cette monstruosité.

Une autre conséquence non moins grave,

quoique d'un tout autre caractère, de l'ouvrage de M. Eugène Burnouf, c'est d'avoir introduit dans l'histoire de l'Inde un élément chronologique. Désormais, le Brahmanisme est daté, puisque le Bouddhisme l'est maintenant d'une manière certaine. Pour ceux qui savent quelle obscurité et quelle incertitude jetait, sur les études indiennes tout entières, le défaut absolu de chronologie, c'est là un service inappréciable rendu à ces études. On avait beau se dire que le témoignage des compagnons d'Alexandre, quatre siècles avant l'ère chrétienne, nous présentait, dès cette époque, la société indienne telle que nous la trouvons dans tous les monuments de sa littérature; on avait beau se dire que le témoignage de tant de peuples voisins, d'accord avec celui-là, reportait l'organisation de cette société à l'antiquité la plus reculée, il n'en restait pas moins des doutes et des nuages sur ce point fondamental. On sentait bien que toutes les négations d'une critique peu éclairée et peu bienveillante étaient autant d'erreurs; mais il était impossible de les réfuter d'une manière péremptoire. Désormais, ce grand fait est éclairci; et, comme le schisme de la religion brahmanique est antérieur au moins de six siècles à notre ère, il s'ensuit que les origines et les développements de cette religion s'enfoncent bien réellement dans les siècles où la tradition les plaçait, et au delà desquels l'œil de l'histoire ne peut plus les suivre.

Jusqu'à présent, on a parcouru les travaux publiés de M. Eugène Burnouf; pour achever de le faire connaître, il nous faut parler de ceux qu'il laisse, et dont plusieurs peut-être pourront aussi voir le jour. On nous excusera d'en faire en quelque sorte l'inventaire. Ses manuscrits se divisent en cinq classes, selon qu'ils appartiennent aux diverses études et aux langues dont il s'est occupé : au zend, aux inscriptions cunéiformes, au sanskrit, au pâli, au Bouddhisme, etc., etc., sans parler de ceux dont il a été déjà fait mention plus haut.

*Première classe des manuscrits,
langue zende.*

1° Index contenant tous les mots zends du *Vendidad-Sadé*, Paris, 1833. C'est un volume grand in-folio de mille pages à peu près, avec un supplément, qui n'en a pas moins d'une centaine. Les mots zends y sont transcrits en lettres latines et classés dans l'ordre que M. Eugène Burnouf a donné à l'alphabet zend, et qui se rapproche beaucoup de l'ordre de l'alphabet dévanagari. Cet index répond au volume du *Vendidad-Sadé* que M. Eugène Burnouf a fait lithographier, 1829-1843, manuscrits Anquetil, suppl. n° 1; et, de plus, il sert de table de renvoi au volume des variantes du *Vendidad-Sadé,* contenues dans l'Index suivant.

2° Index contenant les variantes du *Vendidad-Sadé,* collationné sur les manuscrits de Paris, d'Oxford et de Londres et sur l'édition des Parsis de Bombay; un volume grand in-folio, du même format que le précédent, de 571 pages.

3° Index contenant tous les mots tant zends que pazends du volume des *Jeschts* et des *Néaeschs,* Mss. Anquetil, supplément n° 3. Paris, 1835, de 686 pages du même format que les deux précédents.

4° Index contenant tous les mots du *Minokered* et ceux du *Schekend Goumani,* ouvrages écrits en pazend, Mss. Anquetil, suppl. n° x et n° xviii; Paris, 1838, de 231 pages in-folio, même format.

Ces quatre index forment, comme on le voit, un dictionnaire zend; et, dans l'état très avancé où les a laissés M. Eugène Burnouf, ils pourraient être imprimés, au grand profit de ces difficiles et récentes études, qui ont besoin de tant de secours et d'instruments.

Il est bon d'ajouter qu'outre les Index, il y a, dans les manuscrits de M. Eugène Burnouf, beaucoup de textes zends, transcrits et collationnés d'après les documents d'Anquetil-Duperron et ceux de Manakdji-Cursetdji. On peut citer, entre autres, le *Sirouzé* tout entier, avec des tables de mots composées sur le même plan que les grands Index, et le *Minokered*, transcrit d'après la copie de la Bibliothèque nationale. De plus, dans l'exemplaire du *Vendidad-Sadé* lithographié, dont se servait l'auteur, il se trouve une foule de notes de sa main, et de traductions de mots jusqu'à la page 90, sur 562 dont le livre entier se compose. M. Eugène Burnouf avait aussi préparé plusieurs mémoires qu'il destinait au *Journal asiatique* ou à l'Académie des inscriptions. Parmi ces matériaux, on distingue un travail à peu près achevé *sur la langue zende considérée dans ses rapports avec le sanskrit et les anciens idiômes de l'Europe*. C'eût été le résumé philologique du commentaire sur le *Vendidad-Sadé*. On y lit aussi un article complet sur le neuvième chapitre du *Yaçna,* et cet article devait faire suite, avec bien d'autres, aux *Études sur la langue zende.*

Deuxième classe des manuscrits, inscriptions cunéiformes.

1° Une masse considérables de notes, de transcriptions, d'éclaircissements de tout genre et d'essais de déchiffrement sur les inscriptions de Ninive. Les efforts qu'a faits M. Eugène Burnouf pour résoudre ce problème encore impénétrable, ne l'ont pas satisfait, et il n'en a rien publié, ainsi qu'on l'a dit; mais on ne doute pas que, dans les tentatives même infructueuses de cet esprit aussi sagace que puissant, on ne trouvât des indications précieuses. Étudiées par des yeux habiles et clairvoyants, elles pourraient faciliter d'autres travaux plus heureux, et hâter peut-être la découverte qu'attend toujours le monde savant.

2° Un projet de lettre à M. Botta sur les inscriptions de Khorsabad.

3° Trois lettres à peu près achevées à M. de Saulcy sur le même sujet.

Dans ces lettres, M. Eugène Burnouf voulait exposer les résultats qu'il avait déjà obtenus et qu'il jugeait les moins contestables. On ne dit pas qu'elles pussent être publiées, puisque l'auteur ne l'a pas voulu, et qu'il ne les a pas terminées; mais elles pourraient être utilement consultées, et donneraient certainement le fil qui doit conduire au milieu des notes qu'elles résument.

Troisième classe des manuscrits, langue sanskrite.

1° Un Index de Pânini, contenant les axiomes de ce grammairien, disposés par ordre alphabétique, avec renvoi à l'édition de Calcutta, et avec l'indication de la partie de la grammaire de Bhattodjî où se trouve cité chacun de ces axiomes. Cet Index, que M. Eugène Burnouf avait commencé presque en même temps que ses études sanskrites, et qui est complètement achevé, serait d'un précieux secours pour ceux qui s'occupent de la grammaire sanskrite. Les axiomes de Pânini, au nombre de 3,996, sont aussi obscurs que concis; et l'on a beau posséder à fond la langue dans laquelle ils sont écrits, il faut en faire une étude toute spéciale, pour en comprendre les formules presque symboliques. Le travail de M. Eugène Burnouf en aiderait singulièrement l'intelligence. On pourrait le publier tel qu'il est; il se compose de 687 pages in-4°.

3° Une transcription en lettres latines du *Brahma Veivartta Pourâna*. Elle s'étend jusqu'au çloka 54 du livre IX, et elle est accompagnée d'une traduction en latin, placée au bas des pages. Ce travail est de 1827.

3° Une transcription et une traduction des trois premiers livres de Narasinha, faites sur le même plan et dans la même année.

4° Un mémoire de 30 pages à peu près sur quelques médailles indiennes trouvées à Dehli.

5° Un mémoire sur quelques points de l'ancienne législation civile des Hindous.

6° Des notes sur les digestes hindous.

On ne doit pas s'étonner que la classe des manuscrits relatifs à la langue sanskrite ne renferme pas plus de documents. M. Eugène Burnouf a consacré pendant vingt ans tous ses travaux sur le sanskrit à son cours du Collège de France, et aux élèves qu'il y a formés. C'est sa parole qui a mis en œuvre et employé tant de matériaux. Voilà comment il en reste si peu dans ses papiers.

*Quatrième classe des manuscrits,
langue pâlie.*

1° Une grammaire pâlie, presque toute faite, et où il n'y a guère d'incomplet que le morceau qui concerne les verbes, ainsi que l'indique une note de la main de l'auteur.

2° Une traduction littérale du *Sandhikappa,* ou théorie du Sandhi, dans la grammaire pâlie. Cette traduction avait été faite sur un manuscrit de la collection personnelle de M. Eugène Burnouf; elle est achevée, et elle renferme 240 p. in-4°.

3° *Abhidanappadipika,* ou Explication des mots, dictionnaire pâli, en vers, transcrit en lettres latines et traduit. Ce travail, de 90 pages, accompagné de notes, remonte à 1826.

4° Le *Mahâvansa,* transcrit en lettres latines, et traduit presque tout entier en latin, 273 pages in-4°, de 1826 comme le précédent. M. Eugène Burnouf aurait probablement publié ce document très important pour l'histoire de Ceylan, si M. Turnour ne l'avait plus tard publié et traduit.

5° *Buridatta djataka,* ou Histoire de l'existence

du Bouddha Çâkyamouni sous la figure du naga Buridatta, copié sur le manuscrit de la Société asiatique de Londres, texte pâli et glose en birman, traduit avec explication et avant-propos; 520 pages in-4.

6° *Némi djataka,* ou Histoire de la naissance du Bouddha sous la figure de Némi, pâli et birman, traduit avec explications et avant-propos; 416 p. in-4°.

7° *Suvanna Sama djataka,* ou Histoire de la naissance du Bouddha sous la figure de Suvanna Sama, pâli et birman, traduit avec explications et avant-propos; 449 pages in-4°.

8° Des fragments considérables du *Mahâdjannaka djataka,* pâli et birman, traduits de même.

Les *Djatakas,* ou Histoires des naissances antérieures du Bouddha, tiennent une grande place dans les croyances des Bouddhistes de Ceylan et de l'Inde transgangétique. Ces légendes, plus ou moins développées, sont au nombre de 550, parmi lesquelles il y en a dix principales. C'étaient ces dix légendes que M. Eugène Burnouf s'était proposé de traduire en entier, afin de préparer les matériaux de son second volume de l'*Introduction à l'histoire du Bouddhisme indien.*

9° *Kudda Sikkadîpanî*, ou le Flambeau de la petite inscription, pâli et birman, traduit; 320 p. in-4°.

10° *Patimokkha Nissaya,* traduction birmane du *Patimokkha* pâli, ou Règles du salut pour les religieux, pâli et birman, traduit; 611 pages in-4°.

11° On peut rattacher aux études sur le pâli des *Recherches sur la géographie ancienne de Ceylan, dans son rapport avec l'histoire de cette île.* M. Eugène Burnouf n'a pu exécuter que la première partie de cette tâche, dans un mémoire de 50 pages in-fol. environ, sur les noms anciens de l'île de Ceylan; il l'a lu, selon toute apparence, vers 1836, à l'Académie des inscriptions et belles-lettres. Il a laissé aussi tout un travail sur les dénominations géographiques qui se rencontrent dans le *Mahâvansa*.

12° On joint encore à cette classe de manuscrits des *Études sur la langue birmane*, et des notes nombreuses destinées à une grammaire siamoise.

Cinquième classe des manuscrits,
Bouddhisme du Népâl.

1° Huit cahiers, dont quelques-uns de 100 p.

et plus, comprenant des traductions de légendes bouddhiques du Népâl, extraites probablement des manuscrits donnés à la Société asiatique de Paris, ou acquis pour elle par M. Hodgson.

2° Le commencement de la traduction du *Lalitavistara*, une des légendes les plus célèbres de la vie de Çâkyamouni. M. Ed. Foucaux a donné depuis lors tout le *Lalitavistara*, traduit en français avec le texte tibétain.

3° Une légende bouddhique sans titre, traduite du sanskrit, et formant 430 pages in-4°.

4° Des documents très nombreux pour des additions et des corrections aux notes et aux appendices du *Lotus de la bonne loi*. Parmi les matériaux de ce genre, dont M. Eugène Burnouf n'a pu faire usage, de peur de grossir démesurément le volume, mais qui sont tout préparés, on distingue un *Examen*, très long, *de la langue du Lotus* et une *Comparaison de textes sanskrits et pâlis*. La rédaction de ces deux morceaux est à peu près complète.

5° Enfin, des extraits tibétains de diverse étendue, qui devaient servir à éclaircir plusieurs passages du *Lotus de la bonne loi*.

On sent que, dans cette énumération, toute longue qu'elle est, tout n'est pas mentionné.

On ne s'est arrêté qu'aux morceaux les plus importants ; mais on a tenu à ce que le monde savant apprît tout à la fois et ce que laisse M. Eugène Burnouf, et les labeurs consciencieux qui préparaient tous ses ouvrages, avant qu'il ne les soumît au jugement des hommes compétents.

Pour terminer ce qui concerne les services rendus par lui aux études sur l'Orient, il faut rappeler que, nommé inspecteur de la typographie orientale en 1838, à la place de M. Silvestre de Sacy, il a surveillé la gravure et la fonte de plusieurs corps de caractères nouveaux, le pehlvi, le maghada, le thibétain, le bougui, le javanais, le télinga, le cunéiforme ninivite, le phénicien, etc. Déjà, de 1832 à 1836, il avait dirigé la gravure du zend, du tamoul, du pâli, du birman et du guzarati. En 1847, il a fait une notice fort intéressante sur les types étrangers du spécimen de l'Imprimerie nationale. Cette notice, qui ne porte pas son nom, est placée en tête de ce spécimen.

Ici, l'on doit dire que, malgré tout ce que M. Eugène Burnouf a fait pour les études indiennes en particulier, il aurait fait bien davantage encore si, en 1838, il eût été nommé, comme s'y attendait le public savant, aux fonctions de conservateur des manuscrits orientaux à notre grande Bibliothèque. Présenté en première ligne par l'assemblée des conservateurs, il semblait que rien ne dût s'opposer à un vœu si bien justifié; mais la place, créée depuis la Convention, et qui est indispensable, fut supprimée, peut-être par suite de considérations toutes personnelles et vraiment déplorables. On a entendu souvent M. Eugène Burnouf exprimer à ce sujet des regrets aussi justes que désintéressés. Il ne pensait pas à lui quand il blâmait la suppression de cette place; il ne pensait qu'aux études qui lui étaient chères, et qui prennent chaque jour tant d'importance et de développement. Avant lui, Abel Rémusat avait pu accroître et compléter le fonds des livres chinois; M. Silvestre de Sacy en avait fait autant pour le fonds sémitique. Les études sanskrites, bien plus fécondes et toutes récentes, réclamaient, à plus forte raison, des soins et une protection pareille. Il ne fut pas permis à M. Eugène Burnouf de la leur donner, au grand détriment de la science et de l'intérêt général. Si l'on rappelle cette circonstance douloureuse de sa carrière, ce n'est pas, on le pense bien, pour élever de vaines récriminations; ce n'est pas même pour essayer de prévenir de telles injustices ; c'est pour qu'on rétablisse, le plus tôt qu'on pourra, cette place qui manque à notre grande Bibliothèque, et qui y cause la plus fâcheuse lacune. Tout ce que l'on peut souhaiter, c'est que le ministre qui aura le bon esprit de la rétablir, rencontre pour la remplir un candidat aussi digne.

Il va presque sans dire que ces admirables travaux avaient ouvert à M. Eugène Burnouf les portes de la plupart des académies et sociétés savantes de l'Europe. On ne citera que les principales. Il était correspondant de l'Académie royale des sciences de Turin, docteur de l'Académie Christine-Albertine de Danemark, membre de l'Académie royale des sciences de Bavière, de l'Académie royale de Prusse, des Académies impériales des sciences de Vienne et de Saint-Pétersbourg, de l'Académie royale de Lisbonne, de la Société royale des sciences de Gœttingue, etc. Il faisait partie de toutes les Sociétés asiatiques d'Europe, d'Asie et d'Amérique, et de plusieurs autres sociétés savantes qui avaient tenu à se l'attacher. Membre de l'Institut de France dès 1832, comme on l'a déjà dit, il a été nommé secrétaire perpétuel de l'Académie des inscriptions et belles-lettres quelques jours avant sa mort. Cette élection, faite à la presque unanimité, aura été comme la couronne de sa vie scientifique, couronne déposée sur une tombe. Il était officier de la Légion d'honneur depuis 1845. En mars 1852, il avait accepté la place d'inspecteur supérieur des études pour les lettres.

Une partie trop peu connue de la carrière de M. Eugène Burnouf, et qu'il est bon de remettre en lumière, c'est son professorat. Du moins son cours de l'École normale, bien qu'il ait fort peu duré, aura laissé des traces, et dans les cahiers des élèves, et dans les manuscrits mêmes du professeur. Mais que restera-t-il du cours du Collège de France, continué avec tant de zèle et de régularité pendant vingt années de suite? Des élèves, dont quelques-uns, on le sait, se sont fait un nom célèbre en appliquant les leçons de leur maître; et des souvenirs ineffaçables dans la mémoire de tous ceux qui l'ont suivi. Mais il importe que le public aussi sache ce qu'était cet enseignement si profond et si varié.

On peut voir par les livres de M. Eugène Burnouf, et spécialement par son *Commentaire sur le Yaçna* et ses *Études sur la langue zende*, quelle abondance de vues, quelle connaissance exacte des moindres détails, quelle sagacité pénétrante, et quelle prudence de méthode distinguaient son esprit, d'ailleurs admirablement juste et bien fait. Toutes ces qualités se retrouvaient dans ses leçons, avec la vie en plus, que la parole, le geste et l'accent du professeur communiquent à tout ce qu'il dit. Les textes habituels de son enseignement étaient le livre de Manou, le *Mahâbhârata,* le *Ramâyana,* la *Karika du Sankhya,* et surtout les *Védas.* La langue des *Védas* était l'objet particulier de ses études les plus assidues et les plus chères. Elle mérite tous les efforts qu'il y a consacrés, d'abord parce qu'elle est excessivement difficile, et, de plus, parce qu'elle est en quelque sorte l'embryon d'où est sorti le sanskrit classique des grandes épopées, des monuments philosophiques, des drames, des poésies légères, etc. Cette langue avait, en outre, pour lui cet attrait spécial qu'elle se rapproche beaucoup du zend, et qu'elle lui donnait la clef d'une foule de difficultés, insurmontables sans elle. Aussi, chacun des mots du *Véda,* ou, pour mieux dire, du *Rigvéda,* que nous expliquions d'ordinaire sur l'édition de Fr. Rosen, malheureusement inachevée, était-il, de sa part, l'occasion des remarques les plus curieuses et les plus utiles. Il avait étudié à fond, pour nous les donner, les commentateurs indiens si instruits, si minutieux dans tout ce qui se rapporte au livre saint. Souvent il joignait à l'interprétation du texte celle du commentaire ; et il faisait suivre le texte du *Véda* de la glose de Sankarâtchariya, comme il donnait Koullouka Batta à la suite du texte de Manou. Parfois, il invitait les élèves les plus avancés à prendre la parole à sa place ; et il les formait ainsi sous sa direction, et par une pratique anticipée, aux fonctions de l'enseignement, en même temps qu'il les obligeait à porter dans leurs propres études plus de clarté, par la nécessité de les transmettre à autrui.

On a reproché plus d'une fois à M. Eugène Burnouf de faire un cours trop élevé ; on aurait voulu de lui des leçons plus élémentaires, de même qu'on lui demandait aussi une grammaire de la langue sanskrite, qu'il possédait si merveilleusement. Il ne s'est jamais rendu à ces vœux, tout légitimes qu'ils pouvaient paraître, bien qu'il y ait songé souvent ; il a constamment maintenu son cours dans les régions les plus hautes. On pense qu'il a eu raison. Dans l'état où se trouvaient les études sanskrites quand il entra au Collège de France, les livres élémentaires ne manquaient plus. Les commençants pouvaient trouver sans peine les secours qui leur étaient nécessaires. D'année en année, ces secours se multipliaient et devenaient de plus en plus accessibles. M. Eugène Burnouf, sans dédaigner le soin de ces travaux préliminaires, croyait mieux servir la science en le laissant à d'autres mains que les siennes. On ne nie pas qu'une grammaire sanskrite de lui ne nous eût été fort utile; mais il aurait été bien à regretter qu'elle nous coûtât le moindre des travaux qu'il a pu accomplir, sans d'ailleurs les achever. Les excellentes grammaires que nous possédons peuvent nous suffire; mais lui seul était en mesure de nous révéler le zend, et de nous ouvrir le berceau du Bouddhisme. La science doit donc l'absoudre. Des leçons comme les siennes, sur les hymnes du *Véda,* étaient plus précieuses et plus rares que des leçons sur la déclinaison et la conjugaison sanskrites.

On sait maintenant à peu près ce qu'a été M. Eugène Burnouf comme professeur, comme érudit, comme philologue. Il nous reste, pour terminer cette notice, à marquer précisément le trait qui distingue son talent de tout autre, et qui en demeurera le caractère ineffaçable auprès de la postérité. On ne parle pas de l'étendue de ses labeurs, de sa persévérance que rien ne pouvait rebuter, de sa sagacité qui devinait tout, de sa facilité de travail, de l'immensité de sa mémoire, de la netteté et de la justesse de son esprit, de la variété de ses connaissances. Ce sont là, sans doute, des qualités du plus haut prix et qu'il a possédées à un degré fort rare; mais bien d'autres que lui les ont eues et en ont fait aussi un digne usage. Ce qui n'est qu'à lui, c'est sa méthode avec l'emploi supérieur qu'il en a su faire. On en a déjà dit quelques mots au début de cet article; on y doit insister en finissant.

D'une manière toute générale, la méthode n'a plus de secrets pour les bons esprits depuis Aristote et Descartes, et surtout depuis les applications si heureuses et si frappantes que les sciences en ont tirées dans ce dernier siècle. L'observation a ses lois essentielles, qu'il n'est plus permis de méconnaître, et qu'on n'enfreint jamais qu'avec la certitude de se perdre. Personne dans la science ne peut aujourd'hui les ignorer. Il n'y a donc point, à proprement parler, de découvertes possibles en fait de méthode.

Mais ce qui est toujours possible, c'est d'étendre la méthode, dès longtemps connue et pratiquée, à des sujets nouveaux; et par là, de faire faire à la science des progrès constants et assurés. Telle est la gloire de ceux qu'on appelle des inventeurs; telle a été la gloire de M. Eugène Burnouf. Mais quel est le sujet véritablement neuf qu'il a conquis à la science, en le soumettant à la rigueur de la méthode? Qu'on ne se laisse pas ici tromper à l'apparence; ce sujet nouveau, ce n'est, ni le pâli, ni même le zend; ce n'est, ni l'écriture cunéiforme, ni le Bouddhisme. C'est quelque chose de plus grand et de plus neuf que toutes ces langues et que toutes ces études, quelque neuves qu'elles soient pour nous. C'est la grammaire comparative, c'est-à-dire cette science, car désormais c'en est une, qui étudie toutes les espèces du langage humain pour les classer, pour les distinguer, pour les éclairer les unes par les autres, et qui obtient des résultats définitifs, aussi certains qu'aucune des sciences qui se parent, avec plus ou moins de droit, du beau nom de sciences exactes.

Dans le xviii° siècle, la grammaire comparative n'était pas née; on ne connaisssit point assez de langues pour que l'observation portât sur un nombre suffisant de faits. Aussi les méthodes qu'on essayait étaient-elles arbitraires, et les résultats étaient-ils insignifiants, quand ils n'étaient pas ridicules. Mais, lorsque, au début de notre siècle, la culture du sanskrit vint ouvrir un champ tout à fait inexploré à la philologie, les ressemblances étonnantes de cet antique et savant idiôme avec les langues qui nous sont les plus familières, éclatèrent à tous les yeux, et la grammaire comparative put être fondée. Son domaine est très vaste, puisqu'il ne comprend pas moins que le cercle de toutes les langues que parlent actuellement les hommes, ou qu'ils ont parlées. Et le sanskrit, tout fécond qu'il est, ne remplit encore qu'une partie de ce domaine, la plus intéressante, si l'on veut, et la plus belle. C'est à celle-là plus spécialement que M. Eugène Burnouf avait dévoué ses veilles, et l'on a vu avec quel succès. Le *Commentaire sur le Yaçna*, sans parler de ses autres ouvrages, attesterait à lui seul ce que la grammaire comparative a pu faire entre ses mains. Certainement on ne voudrait pas rabaisser les admirables monuments de philologie qu'a produits l'Allemagne, notre rivale dans ces études, qui désormais constituent un élément nécessaire de l'histoire du genre humain; mais je ne crois rien exagérer en mettant M. Eugène Burnouf au-dessus de ses concurrents, tout prêts d'ailleurs à lui concéder eux-mêmes la supériorité. C'est qu'à tous les avantages qu'il tenait de la nature, il en joignait un autre, bien grand aussi : c'était d'être né chez un peuple où la clarté est la première condition de toute œuvre intellectuelle, comme elle l'est du langage national. A facultés égales, l'esprit français l'emportera toujours par ce côté ; et je n'hésite pas à constater l'influence décisive que cette circonstance a exercée sur le génie de M. Eugène Burnouf. Ce n'est pas là un aveuglement du patriotisme ; c'est une simple justice. Nous avons assez de défauts pour qu'il nous soit permis de revendiquer nos incontestables qualités. Mais, si l'esprit national a beaucoup donné à M. Eugène Burnouf, il faut se hâter de dire que M. Eugène Burnouf ne lui a pas moins rendu. Sans avoir composé de livres spéciaux sur la grammaire comparative, il en a démontré la certitude et la puissance, par les applications infaillibles qu'il en a faites. Ces applications sont d'un tel ordre, qu'elles ont restitué aux annales de l'histoire humaine quelques-unes de ses pages les plus curieuses, restées jusqu'à lui fermées ou indéchiffrables. Ce sont là des services qui contribuent à la gloire des individus, sans doute, mais qui ne contribuent pas moins à la gloire des nations, et que les nations, sous peine d'ingratitude et d'iniquité, doivent honorer de leurs plus nobles récompenses. Comme M. Villemain l'a dit d'un mot qui, sorti d'une telle bouche, est un bien bel éloge : « M. Eugène Burnouf, que nous enviait l'Europe, était un philologue de génie. » Pour notre part, nous serions heureux si cet article pouvait montrer combien cet hommage, dans sa concision, est profond et mérité.

EUGÈNE BURNOUF

SA CORRESPONDANCE

Lorsqu'en 1852 Eugène Burnouf nous fut enlevé par une mort prématurée, le *Journal des Savants* se fit un devoir de rendre hommage à ses travaux. Ils avaient été, dès son vivant, consacrés par la gloire ; et, depuis quarante ans, le solide éclat qui les entoure n'a pas cessé de s'accroître, en même temps que les conséquences qu'ils ont produites. Eugène Burnouf s'est fait un nom immortel en fondant deux grandes études, qui peut-être sans lui seraient encore à naître : celle du Bouddhisme et celle de la langue zende. Ces découvertes magnifiques lui appartiennent en propre, et il a en outre puissamment contribué à l'explication des écritures cunéiformes, pour lesquelles, s'il n'a pas eu l'initiative, il a du moins élargi et facilité la voie. Ce sont là précisément des traits de génie, puisque le génie est essentiellement créateur. Les ouvrages d'Eugène Burnouf vivront autant que la philologie elle-même ; et ce n'est rien exagérer que de dire que la postérité pensera à jamais de lui ce qu'en ont pensé ses contemporains. Mais nous n'insistons pas sur cet éloge, parce que nous l'avons déjà fait, en énumérant sur sa tombe, à peine fermée, tous ses titres à notre reconnaissance et à nos regrets.

Nous connaissions en lui le savant ; mais le recueil que vient de publier la piété de sa fille aînée, nous le montrera dans sa vie intime, et nous le fera aimer autant que nous l'admirons. La science, tout austère qu'elle peut être, ne saurait récuser un tel complément. La paix du cœur, la pureté morale, le dévouement absolu à tous les devoirs domestiques, concourent, pour une part considérable, à la sérénité et à l'énergie de l'intelligence, soit qu'elle s'absorbe dans les analyses de l'érudition, soit même qu'elle se livre à la poésie ou à l'éloquence. Être un excellent fils, un mari plein d'affection, un père plein de sollicitude, ce sont là des vertus qui, loin de rien ôter à l'esprit, lui assurent au contraire des forces nouvelles et une constance qu'il ne saurait avoir, au même degré, quand ces vertus lui manquent. Nous avons dit qu'Eugène Burnouf avait eu le bonheur de trouver dans son père un modèle accompli et un guide. Sans doute, il a dû beaucoup à la nature; mais on peut croire qu'il n'a pas moins dû à l'éducation puisée au foyer paternel. Dans le recueil que nous avons sous les yeux, les lettres échangées entre le père et le fils, qui ne se quittaient jamais, sont peu nombreuses; mais elles respirent toutes la tendresse la plus sincère et la plus rare communauté d'occupations et de principes. Les deux existences sont tellement confondues et si bien entrelacées que la seconde semble être la continuation de la première.

Jean-Louis Burnouf, le père d'Eugène, était fils d'un tisserand d'Urville, près de Valognes. Orphelin de très bonne heure et l'aîné de six enfants, il avait reçu ses premières leçons du bon curé de son village, qui put lui faire obtenir une bourse au collège d'Harcourt à Paris. Dans ce collège, destiné aux jeunes Normands, l'orphelin avait fait d'excellentes études; et, en 1792, à peine âgé de dix-sept ans, il avait remporté le prix d'honneur. Mais dans ces temps de troubles, il était bien difficile à un jeune homme sans famille et sans appui de se faire une carrière, quels que fussent ses talents. Aussi, le lauréat fut-il obligé d'accepter, pendant près de quinze ans, les emplois les plus humbles, près d'une administration départementale ou chez des négociants de Dieppe. Il n'en continuait pas moins ses études premières, où il avait eu tant de succès. Distingué par M. Guéroult, il avait été appelé au lycée Charlemagne ; et, à la fin de 1810, il était nommé professeur de rhétorique au lycée Louis-le-Grand et maître de conférences à l'École normale, qui venait d'être ouverte. Nous indiquons en passant le reste de sa carrière bien connue : Professeur au Collège de France en 1817, inspecteur de l'Académie de Paris en 1828, inspecteur général en 1830, membre de l'Institut en 1836, où son fils était entré depuis quatre ans déjà, bibliothécaire de l'Université, chevalier de la Légion d'honneur en 1821, sur la proposition de M. Royer-Collard, et officier en 1840, sur la proposition de M. Cousin. Il mourait le 8 mai 1844, ne laissant que son fils Eugène sur les trois enfants qu'il avait eus. C'est Eugène lui-même qui nous a conservé ces détails sur son père vénéré, dans une lettre écrite vers la fin de 1844 à M. Julien Travers, professeur à la Faculté des lettres de Caen.

On sait que M. Burnouf, le père, est célèbre par les services qu'il a rendus aux lettres classiques, et par ses deux grammaires grecque et latine. C'est lui qui plus que personne a restauré la science du grec dans l'Université de France ; et sa traduction de Tacite est la meilleure qui ait été faite du plus grand des historiens. Du reste, ce n'est pas là ce qui nous intéresse le plus dans M. Burnouf, le père, pour bien juger de l'influence qu'il a pu avoir sur son fils. A côté de la culture du grec et du latin, il avait été un des premiers en France à comprendre l'importance de la littérature indienne. Une chaire de sanskrit avait été créée, en 1814, par la Restauration au Collège de France, en même temps qu'une chaire de chinois. L'une était occupée par M. de Chézy, et l'autre par M. Abel Rémusat. M. de Chézy, qui, presque sans aucun secours, avait acquis, malgré les défaillances de sa santé, la connaissance du sanskrit, montrait peu d'empressement à la propager autour de lui ; mais M. Burnouf père, son collègue au Collège de France, s'était fait un de ses élèves les plus assidus. Il s'était avancé dans l'étude de la langue sanskrite de manière à pouvoir, dès 1820, se lier d'assez près avec Bopp, qui, depuis plusieurs années résidant à Paris, y étudiait la langue sanskrite sous M. de Chézy, et l'arabe sous M. Silvestre de Sacy. François Bopp était appelé à l'Université de Berlin en 1822, et il s'établissait, entre lui et les deux Burnouf, une correspondance assez suivie. Quoique Bopp fût beaucoup plus jeune, M. Burnouf père s'était proposé de traduire ses ouvrages allemands et anglais, et il avait associé Eugène à ce travail assez pénible. Dès cette époque, Eugène Burnouf avait fait de remarquables progrès dans le sanskrit; mais il ne s'y était pas encore entièrement adonné. En 1824, il achevait son droit, et il était reçu licencié, sans d'ailleurs avoir de vocation bien marquée pour la profession d'avocat. Quand, en 1822, il était élève de l'école des Chartes, il s'éloignait moins des études où il devait s'illustrer; et mis directement en rapport par son père avec Bopp, le professeur de Berlin l'encouragea vivement à entrer dans la carrière où il faisait des pas si heureux et déjà si sûrs, en écrivant de savants articles pour le *Journal asiatique*. Une lettre de

Bopp, du 30 janvier 1825, atteste le cas qu'il faisait dès lors de la sagacité précoce d'Eugène Burnouf, qui lui soumettait, avec modestie, de doctes observations sur des questions fort délicates de philologie, et sur sa grammaire sanskrite, qu'il venait de publier.

Initié par son père, encouragé par Bopp, qui était alors le premier des indianistes, Eugène Burnouf n'hésita plus ; malgré toutes les difficultés que rencontrait alors en France l'étude du sanskrit, il s'y appliqua exclusivement, pour tirer de cette mine féconde des trésors inexplorés jusque-là. On se ferait non sans peine quelque idée du dédain où était alors tenue chez nous la littérature indienne. Parmi les plus hauts fonctionnaires de l'Instruction, publique, on se refusait à y croire. Des collègues de M. de Chézy au Collège de France s'obstinaient à la nier, ou à la tourner en ridicule. Abel Rémusat, avec son esprit étendu et son caractère sympathique, était presque seul à la soutenir ; et jusqu'à sa mort en 1832, où le choléra le frappa, il fut un des protecteurs les plus zélés d'Eugène Burnouf, qui n'a jamais oublié sa courageuse bienveillance. Bopp et Abel Rémusat ont pu lui être un précieux appui dans ces premiers temps ; mais c'est son père qui lui a transmis l'étincelle d'où devait bientôt sortir tant de lumière. C'était donc une grande audace à un si jeune homme de s'engager dans une route ardue, où l'attendaient des obstacles qu'augmentait encore une situation peu fortunée. Rien n'arrêta Eugène Burnouf; et fidèle à l'héritage paternel, il le développa pour le porter jusqu'au point que nous savons. M. Burnouf le père a été un philologue fort distingué, dont le fils fut, en quelque sorte, la seconde puissance. Un tel fils issu d'un tel père est un phénomène presque unique, non pas seulement dans le domaine de la science, mais à tout égard. Ajoutons que non seulement M. Burnouf le père a décidé de la vocation spéciale d'un fils intelligent, mais que de plus il lui a enseigné, chose plus utile encore, s'il est possible, la méthode qu'il avait adoptée lui-même, dans des ouvrages moins renommés, mais composés avec autant de régularité, autant d'application, et de conscience scrupuleuse. Ce sont là des conditions inappréciables, qui sont nécessaires dans tout genre de travail, et qui ne nuisent pas plus en philologie que partout ailleurs. On peut même aller jusqu'à croire que la méthode du père est sous quelques rapports supérieure à celle du fils, parce qu'elle a l'avantage d'être plus concise. Mais nous sommes bien loin de déprécier une surabondance où ont été semés tant de germes, qui se sont plus tard développés si largement.

Quand on n'a pas vécu avec Eugène Burnouf, on ne saurait guère se figurer combien il avait d'esprit et d'imagination, à côté de sa science profonde. On suppose assez généralement que l'esprit est incompatible avec l'érudition, et qu'il s'émousse et se perd dans les minuties philologiques. Ce peut être vrai de quelques savants. Mais Eugène Burnouf a toujours conservé la vivacité du sien, au milieu de ses labeurs les plus ardus. Il avait comme un fonds de gaieté naturelle, résultant tout à la fois de son organisation parfaitement équilibrée, de son insatiable passion pour le travail, du calme et des joies de son intérieur. Aussi, avait-il très peu besoin des autres, parce qu'il sortait très peu de lui-même et de son entourage; il n'en a pas moins eu beaucoup d'amis, fidèles et dévoués. Comme il l'a dit dans une de ses lettres, il n'allait jamais dans le monde, dont les distractions, entre autres inconvénients, ont celui de faire perdre beaucoup de temps. Il aurait pu y briller, s'il l'avait voulu, autant que qui que ce soit ; sa conversation était remplie de charme, enjouée et très instructive, sans l'ombre de pédantisme, pétillante de saillies imprévues et piquantes. Mais sa raillerie, toujours juste et fine, n'a jamais blessé personne, si ce n'est peut-être quelques-uns de ceux qui n'acceptent pas la plaisanterie, même la moins offensive, parce qu'ils sont hors d'état de la rendre.

Eugène Burnouf n'a quitté la France que deux fois dans sa vie. Durant les vacances de 1834, il fait une rapide excursion en Allemagne. Il y entre par Strasbourg, à la fin d'août ; il est à Bade le 28, et il y reste deux ou trois jours ; à Heidelberg le 1er septembre, il pousse jusqu'à Francfort-sur-le-Mein, en passant par Darmstadt. De Francfort, il descend à Mayence, puis à Bonn, où il arrive par bateau à vapeur, après une descente de douze heures sur le Rhin, qu'il contemple avec extase. Il reste à Bonn quelques jours entre Lassen et Guillaume de Schlégel ; et il rentre à Paris vers le 10 septembre. Ce n'était qu'une satisfaction de curiosité. Cette tournée, qui n'avait presque rien de scientifique, n'avait pas laissé que d'être fatigante ; et bien des péripéties, ou comiques, ou périlleuses même, l'avaient signalée. Mais ces accidents, suite inévitable de l'imperfection des routes et des moyens de transport, n'ôtaient rien à la bonne humeur du jeune savant.

Il écrit à sa femme, Mme E. Burnouf, souvent et aussi longuement qu'il peut; il la tient au courant de tout ce qu'il fait et de tout ce qui lui arrive. Il raconte les épreuves parfois fort rudes qu'il doit subir, avec un entrain et une jovialité que rien ne déconcerte. De Paris à Nancy, les voitures avaient été fort peu commodes et le temps fort maussade; mais, à Phalsbourg, ce fut bien pis. La journée précédente, la pluie n'avait pas cessé; et le voyageur, trempé jusqu'aux os, avait dû quitter son habit, pour le faire sécher et se contenter de son manteau, durant toute la nuit. Dans des chemins détestables, les chevaux avaient de l'eau jusqu'au poitrail, et la voiture cahotait horriblement. « Enfin, continue le narrateur, nous arrivons à Phalsbourg, ville forte et fermée; du reste, bicoque. Le pont-levis était brisé depuis un mois, et l'on ne pouvait passer avec des voitures. Le conducteur, qui du haut de notre charrette jurait comme un renégat, descend pour traverser la ville à pied, afin de déclarer je ne sais quoi ; et nous, nous commençons à tourner la ville. Le malheur est que ce n'est pas un chemin régulier, qui ait la voie et autres choses nécessaires à un chemin honnête. »

« C'était une belle et bonne ornière, avec trois à quatre pieds d'eau. Nous avons été une heure là-dedans, nous débattant contre le vent et la pluie, la voiture percée d'eau par dessous. Mais les voyageurs étaient les plus heureux mortels du monde. Deux étaient descendus à Sarrebourg ; reste à deux, l'un dans l'intérieur, l'autre dans le soi-disant coupé. Ceci nous a sauvés d'avoir les jambes dans un bain froid. Nous nous sommes donné naturellement et mutuellement le conseil de nous accroupir sur les banquettes, et nous avons passé la nuit à sec. Mais le conducteur ! Le pauvre diable traverse Phalsbourg avec une pluie battante ; au sortir de la dernière porte, celle de l'Est, où nous étions arrivés et où nous l'attendions, il se perd ; et nous, de croire qu'il buvait dans la ville et se séchait un peu. Notre postillon avait de la chose des notions plus exactes. Le conducteur avait rencontré, dans cette nuit, noire comme un four, un fossé de quinze ou vingt pieds, un fossé de ville forte enfin ; il y était tombé, et avait trouvé assez d'eau pour faire la coupe, tantôt dans la vase, tantôt dans le liquide. Enfin, après une lutte héroïque, d'une petite demi-heure, contre les éléments, il nous arrive. Dans quel état! Primitivement, il avait une blouse et un pantalon de coutil, bleu-noir à cause de la pluie ; le tout était devenu blanc jaunâtre à cause du fossé. Fort heureux, le pauvre homme, de nous avoir retrouvés ! car notre lanterne était morte ; et il lui était impossible de nous voir. Mais les deux habitants qui s'étaient arrêtés à Sarrebourg étaient attendus à Phalsbourg ; et un respectable Alsacien, avec une lanterne grosse comme la lune, avait été mis en faction humide à la porte de Phalsbourg. Il ne nous vit pas, l'Alsacien ; mais il nous entendit et nous le vîmes ; et pendant que nous nous livrions, au clair de sa lune, à des conjectures sur le sort de notre conducteur, ce dernier, attiré par la vue de la chandelle, se dirigeait vers nous, avec des imprécations dignes de la circonstance. »

Le voyageur eut bien encore à passer par quelques autres traverses, qui ne le troublèrent pas davantage. Mais il eut aussi des compensations, et il put admirer la cathédrale et la flèche de Strasbourg, et même ses fortifications, la vallée qui, de Strasbourg, conduit à Bade en six ou sept heures, la ville même de Bade, malgré la salle de jeu, dite de Conversation, qui lui présenta un spectacle repoussant, le pays de Bade sillonné de sites ravissants, Carlsruhe, qui ne le charme pas moins, Heidelberg, où il voit Creuzer, l'auteur de la *Symbolique,* et « où les étudiants sont rois, comme les dragons le sont à Lunéville », Francfort, « qui lui plaît beaucoup, et où il a trouvé « un luxe et des figures toutes parisiennes », Cassel, Mayence, qui n'est pas magnifique, mais où le Rhin est si beau.

Cependant, quelque attrayantes que soient toutes ces diversions, le mari et le père ne cesse de penser à tout ce que son cœur a laissé à Paris. « J'ai regretté bien vivement, écrit-il à sa femme, dans une longue lettre de Francfort, que tu ne fusses pas là, pour assister à cette scène, la scène qu'offrait la table d'hôte, où mangeaient une centaine de convives. Le ciel m'est témoin que je ne pense qu'à toi et à mes chers enfants, ces bijoux que tu m'as donnés. Je ne vois rien, je ne vais nulle part que je ne dise : Si elle était ici ! Je ne puis penser à vous sans avoir les larmes aux yeux, moi que tu connais si stoïque, pas dur, je crois, mais connaissant la vie, et sachant qu'un homme doit être fort, et qu'il doit vouloir être ferme. Dans les voitures, pendant que les Allemands m'empestent de leur tabac, qui, du reste, pue peut-être moins que le nôtre, je fredonne tout bas des mots sans suite, qui ont à peu près ce sens : Je reverrai ce doux pays de France ; je reverrai mon pays chéri, ma douce femme, dont j'ai tant souvenance et mes enfants jolis. Ce ne sont pas des vers ; mais cela me soulage avec quelques larmes, et je recommence toujours sur cinquante airs différents, et toujours avec des mots nouveaux, qui disent la même chose; car je n'ai pas d'autre pensée ».

Cette mélancolie passagère se dissipe à Bonn, « ville d'érudition et de soldats, dont l'Université, avec ses beaux bâtiments, ses jardins et ses promenades, ferait honte à tous nos établissements publics réunis, où Schlégel, le grand homme qui dit de lui : « Ma gloire est européenne », occupe la plus belle maison de la ville, laquelle lui appartient, où enfin j'ai trouvé quelque sympathie pour ma personne, tandis que jusqu'à présent je n'avais reconnu que de l'attraction pour mon or. Je crois que, si j'avais pu être introduit dans la société allemande, et voir les gens de plus près, j'y aurais eu quelque plaisir, et que je n'aurais pas donné la plus mauvaise opinion des Français. Chez Schlégel, il est certain que j'ai étonné tout le monde par ce qu'ils appellent ma politesse. »

En tout cas, le voilà à Bonn, au milieu de savants indianistes, qu'il connaît et qu'il aime ou qu'il respecte, comme des collaborateurs et des maîtres, entre autres, Lassen et de Schlégel. Nous reparlerons un peu plus loin de sa liaison avec le premier. Quant à de Schlégel, sa réputation était européenne, en effet, à la fois comme littérateur, comme critique et comme philologue.

Auguste-Guillaume de Schlégel était d'une famille fort lettrée, dont presque tous les membres ont été des auteurs. Il reçut de son père une forte éducation, dont il avait profité à merveille, et il montra de bonne heure une aptitude extraordinaire pour les langues anciennes et les langues vivantes, spécialement pour le français, où il se forma un style aussi correct qu'élégant. Il était d'ailleurs capable d'écrire et de parler l'anglais comme l'allemand. Il avait d'abord étudié la théologie à Göttingue pour devenir pasteur ainsi que son père ; mais il avait dû se résigner à être précepteur en Hollande, où il demeura trois ans. Revenu à Iéna et à Weimar, il s'était lié avec Schiller et avec Gœthe, se signalant, même auprès d'eux, par ses poésies légères, mais surtout par ses théories sur Dante et sur Shakespeare, dont il traduisait et commentait les œuvres. Il brilla, un des plus enthousiastes, dans les rangs du romantisme, qui naissait alors chez nos voisins, avant d'émigrer parmi nous. Ayant en 1804, rencontré Mme de Staël à Berlin, il s'attacha à elle pour faire l'éducation de ses enfants, et ne la quitta point jusqu'à sa mort, en 1817. Il avait accompagné constamment son exil ; et il passait pour avoir inspiré en grande partie le fameux livre De l'Allemagne. Il avait fait à Vienne un cours de littérature dramatique qui avait eu le plus réel succès, mais dans lequel il avait méconnu le génie de Racine et celui de Molière. C'était une faute de goût, excusée peut-être par la révolte du patriotisme allemand contre la domination française, de même que ce patriotisme prétendu avait poussé de Schlégel à être le secrétaire de Bernadotte, marchant contre sa patrie, et à déchirer Napoléon dans des pamphlets virulents.

Tout cela n'était pas fait pour attirer Eugène Burnouf ; mais, au point de vue de l'indianiste, il y avait autre chose dans M. de Schlégel. Lorsqu'en 1814 Schlégel était revenu en France, il avait étudié le sanskrit, par les conseils de M. de Chézy. Aussi en 1818, quand la Prusse avait fondé à Bonn une université, il y avait été nommé professeur de sanskrit ; et en même temps qu'il faisait fondre à notre Imprimerie nationale des caractères dévanagaris, il publiait et traduisait la Bhâgavad-Guîtâ, et plusieurs autres fragments du fameux poème du Mahâbhârata. Dès longtemps, il avait eu l'attention d'offrir ses livres de philologie aux deux Burnouf, qui pouvaient compter parmi les juges compétents d'œuvres si nouvelles. Si donc Eugène Burnouf ne connaissait pas la personne de Guillaume de Schlégel, en allant le visiter à Bonn, il avait pu lire et apprécier tout ce qu'il avait fait. De son côté, M. de Schlégel était également au courant des publications du jeune philologue, qui promettait un maître. Eugène Burnouf venait de publier le Yaçna, en 1833, et cette résurrection d'une langue, qui était morte dès le temps de Darius et des Achéménides, avait excité l'admiration de tous les linguistes, et même des philosophes, tels que Schelling et Victor Cousin.

« Au sortir du bateau à vapeur, dit E. Burnouf dans sa lettre du 6 septembre 1834, je me suis nettoyé à fond; j'ai dîné, et enfin je me suis transporté chez Schlégel. A ce nom vénérable, le garçon qui m'accompagnait ôte sa casquette; car un Allemand ne sait pas ce que c'est qu'un chapeau; et j'ai commencé à grandir dans son estime, avantage qui me vaudra de payer mon gîte 10 ou 12 francs de plus. Schlégel était au casino; et les domestiques me dirent que je le retrouverais à huit heures du soir. Mais pendant que, rentré à l'hôtel, je me préparais à t'écrire (c'est à sa femme qu'il s'adresse), arrive le coureur de Schlégel, qui avait mis sa livrée galonnée et qui venait me chercher parce que M. le baron était rentré. J'ai appris que Schlégel était baron de Gottenberg; ce qui ne va pas mal, et ce qui donne une grande importance à toute sa valetaille, qui crie à tue-tête : Herr Baron, de sorte que Schlégel est obligé de les faire taire en frappant par terre avec sa canne, et en disant : « Ne criez donc pas si fort, marauds; vous ne savez pas que vous êtes devant un Français, et qu'en France on parle tout bas ». Ces cocos ne comprennent rien; mais ils sont devant ma personne dans une stupéfaction difficile à décrire, et qui est parfois embarrassante. Quand j'entre, car tu sauras que Schlégel a voulu que je prisse mes repas chez lui avec Lassen, le coureur se présente respectueusement et me prend des mains ma canne et mon chapeau. Toutes les petites filles se précipitent aux portes, aux lucarnes, aux coins des escaliers. On entend des bruits de portes qui s'entr'ouvrent, et on voit des yeux qui vous regardent. C'est comme une maison de fées. Enfin, pour te dire tout, ma réputation est telle que la nièce de Schlégel, qui est une veuve, n'a pas osé paraître le soir de mon arrivée, pour ne pas montrer à un Français de mon espèce une dame qui ne parle pas le français assez correctement. J'ai cru que c'était pour le premier jour seulement et qu'elle reviendrait dîner vendredi. Nullement. Lassen m'a dit qu'on m'avait dépeint à ses yeux d'une manière si avantageuse qu'elle avait eu peur. La bonne dame ! En un mot, ma présence deux fois par jour à la table de Schlégel la cloître dans sa chambre, d'où elle ne sort pas.

« Tu sais, du reste, ce qui peut m'occuper en compagnie de Lassen et de son immortel précepteur. Nous parlons sanskrit, zend, etc. ; nous visitons la Bibliothèque, l'Université, le Musée.

Schlégel est la vanité en personne ; mais quand on le laisse dire, il est tolérable. Lassen, qui a perdu ses cheveux, à peu près comme Mohl, et qui a maigri, est un excellent homme, d'une science merveilleuse et d'une grande simplicité. »

A côté de Schlégel et de Lassen, Eugène Burnouf fait la connaissance de Windischmann, qui venait de faire sur le Yaçna trois énormes articles extrêmement louangeurs. Windischmann est catholique et homme de beaucoup d'esprit, plein d'instruction, de dehors aimables ; il se rend à Rome, où il se destine à être cardinal. Il recherche les plaisirs et les femmes avec passion; en un mot, il est fait pour faire un prêtre italien.

De Bonn, Eugène Burnouf se rend à Cologne en compagnie de Lassen ; et, en quelques jours, il est rentré à Paris. Nous aurons à parler assez longuement de son voyage en Angleterre, l'année suivante, 1835 ; mais, auparavant, nous voulons donner une dernière preuve de son talent de description, en citant son jugement sur les bains de Vichy. En 1837, les médecins l'y avaient envoyé, pour guérir des atteintes de gravelle qu'il avait ressenties depuis quelque temps. C'est le mal auquel il devait succomber, à peine âgé de cinquante ans et dans la plénitude de ses puissantes facultés. Il partait de Paris le 18 juillet, et comme les diligences étaient fort lentes à cette époque, il mit près de quatre jours pour parvenir à Vichy, où le malade est accueilli par une pluie battante. A peine arrivé, il se hâte d'aller voir le docteur Prunelle, qui, tout en lui parlant fort sensément de son cas, ne paraît pas croire beaucoup à l'efficacité des eaux, parce qu'il aurait fallu y venir un mois plus tôt, afin d'aller ensuite à Néris, au Mont-Dore, ou à Bourbon-l'Archambault, achever la cure. « Quant aux graviers, ajoute Burnouf, le docteur m'en répond corps pour corps, et m'assure que je n'en aurai plus de quelque temps, quand j'aurai bu la valeur du grand bassin de Versailles, et quand j'aurai pris autant de bains qu'il y a de cheveux sur ta tête. Tu vois que le docteur conserve son malade pour plusieurs saisons. Il m'a cité un vieillard de quatre-vingt-huit ans, qui vient ici depuis l'âge de quarante ans, mais seulement tous les trois ans. » Burnouf suit avec ponctualité les prescriptions médicales; mais la vie qu'il est forcé de mener à Vichy l'assomme; il est aussi mal logé que mal nourri et mal soigné.

Pour surcroît d'ennui, le temps est détestable ; on ne voit que très rarement le soleil, quand le ciel s'éclaircit : « Ce bel astre, dit Burnouf, je l'attends dans un chenil où il ne vient jamais, au rez-de-chaussée, au-dessous du sol de quelques pieds, avec une humidité et une odeur de renfermé détestables, une curieuse commode sur laquelle je pourrais étudier sous toutes ses formes la fameuse Marchantia polymorpha, que M. de Mirbel examine à son aise sur la margelle des puits, le dos au soleil, avantage que je n'ai pas. Sans exagération, je suis aussi mal qu'un chrétien puisse l'être. Mais cela ne doit pas durer ; car on commence à défiler la parade, et je ne me suis remisé dans ce taudis que parce qu'il n'y avait pas d'autre place, et parce que l'hôtesse m'a promis la première place vacante. J'espère donc m'élever de ce purgatoire au cinquième ou au sixième étage, d'ici à quelques jours ; et alors, je pourrai voir tomber la pluie d'en haut, au lieu d'en avoir les éclaboussures d'en bas. Il faut que les hommes aient la rage de tuer leur temps, ou qu'ils soient bien malades, pour venir dans un trou aussi laid que Vichy ; ce que j'en ai vu est détestable. Je m'y promets plus d'ennui que je n'en ai éprouvé de toute ma vie. »

Les choses cependant s'amendent un peu ; mais ce supplice est toujours bien rude, et, après trois semaines de séjour, Burnouf écrit encore à sa femme : « Tu te feras difficilement une idée de cette existence passée dans un galetas, sur un lit formé d'une paillasse et d'un matelas dur, dans lequel on ne peut se tenir qu'accroupi, à cause du peu de longueur, dans des chambres dont les portes ne ferment pas, et qui ont pour tous meubles une mauvaise table rompue, deux chaises et une petite commode d'enfant, où l'usage des sonnettes est inconnu, et d'où il faut descendre à moitié habillé quand on a besoin de quelque chose. Et, en vérité, il faut avoir bien de la confiance dans la médecine pour venir ici ; ou plutôt il ne faut pas être malade et être seulement mal à son aise, pour y venir ; car, si l'on était pris sérieusement, l'on y mourrait seul et sans secours... » Voici les soins que donnent les médecins de ce lieu : « Jamais, sous aucun prétexte, ils ne sortent de chez eux pour aller voir le malade. On va les trouver une fois par semaine, c'est-à-dire environ quatre fois dans toute la saison : et pour cela, on leur doit quarante francs. Ils ne se dérangent que dans un cas pressant de mort. »

Tel était Vichy, il y a cinquante ou soixante ans ; nous espérons qu'il s'est amélioré, dans l'intérêt des malades, et aussi pour l'honneur des docteurs devenus un peu plus humains. Ce qui redoublait le dépit de Burnouf, c'est que les médecins mêmes du lieu étaient unanimes à lui dire qu'on pouvait aussi bien se guérir de la gravelle en restant chez soi, et que l'usage régulier du bicarbonate de soude y suffisait. Autre grief, qui n'est pas le moindre aux yeux du père de famille et de l'honnête homme. En voyant ce qui se passe au casino, il ne peut s'empêcher de maudire Vichy et de s'écrier : « Dans le fait, ce Vichy est une vraie Babylone et la plus Babylone de toutes les eaux. L'immoralité qu'on affiche ici dépasse de beaucoup tout ce qui se rencontre ailleurs. » Burnouf ne se console et ne se rassérène que par quelques excursions aux environs, notamment au château de Randan, que Madame Adélaïde, la sœur du Roi, avait acheté depuis quelques années et qu'elle restaurait magnifiquement. Après un séjour d'un mois, il quitte Vichy pour rentrer à Paris, vers le 25 août ; et, dans une lettre à son père, il convient que les eaux lui ont fait du bien, malgré l'affreuse existence qu'il a dû y mener. Néanmoins, Burnouf n'était pas guéri, et, pendant quinze ans encore, il devait souffrir de la gravelle, pour y succomber enfin.

Nous voulons maintenant parler de son voyage en Angleterre dans l'année qui suivit son excursion en Allemagne. Ce voyage, entrepris dans un but tout philologique, porta les plus heureux fruits pour les études de Burnouf, si ce n'est pour sa santé. Après que nous l'aurons suivi à Oxford et à Londres, il ne nous restera plus qu'à exposer ses relations avec les indianistes de tous les pays. Nous le retrouverons le même avec ses correspondants, ses émules, ses rivaux, très bienveillant, très instruit et très appliqué, en un mot portant, dans son commerce épistolaire, toutes les qualités que nous venons de lui voir dans ses épanchements de cœur et ses affections de famille.

Le voyage en Angleterre, projeté depuis trois ans, devait être plus long qu'aucun autre; et il fut aussi fructueux qu'agréable. Tout ce que voit le jeune savant le charme et le surprend. Ce qui le frappe d'abord, c'est l'excellence des routes, arrosées pour prévenir la poussière, et si bien entretenues que les courses y sont très rapides et très faciles. A ce moment, l'opinion publique en Angleterre est enthousiaste de la France; on est hostile à Wellington, et l'on admire passionnément le vaincu de Waterloo. Les Français sont accueillis avec la sympathie la plus empressée. Burnouf est ravi de la politesse et de la bienveillance dont il est partout l'objet, jusque dans les voitures publiques, et dans les omnibus, « qui vont comme le vent ». Il ne fait que passer à Londres. Il y voit Brockhaus, qui lui conseille d'aller immédiatement à Oxford, où il trouvera Rosen, déjà fort connu par ses travaux sur le Véda, et Robert Lenz. Il est à Oxford en quelques heures, le 10 avril 1835. Lenz, qui est assez souffrant, le conduit chez M. H.-H. Wilson, professeur de sanskrit à l'Université, bibliothécaire de la Compagnie des Indes, et Associé étranger de l'Académie des inscriptions et belles-lettres. Horace-Hayman Wilson avait séjourné dans l'Inde pendant vingt ans, chargé de réorganiser les écoles de Bénarès; il avait été secrétaire de la Société asiatique du Bengale; il avait traduit le théâtre hindou, et publié un dictionnaire sanskrit et une grammaire. Sans être peut-être le plus savant des indianistes, il était certainement un des plus laborieux. Il reçoit Burnouf dans son cabinet; « et je vois, dit Burnouf, assis auprès d'une table et entouré de manuscrits sanskrits, de toutes les grandeurs et de la plus belle conservation, cet homme réellement célèbre par la variété de ses connaissances, l'importance et le nombre de ses travaux, son talent de style, et son esprit, que je ne connaissais que dans ses livres. Je lui ai fait en anglais le plus beau compliment que j'ai pu. J'étais visiblement ému; il m'a compris et m'a donné une cordiale poignée de main. Après quoi, nous avons commencé à causer de mes projets et des moyens qu'il était dans son intention de me fournir pour me mettre à même de les exécuter. » Quelques instants après, Wilson conduit le visiteur à la Bodléienne, où on lui montre le fameux manuscrit du Vendidâd, qui avait enflammé jadis l'héroïsme d'Anquetil-Duperron et l'avait déterminé à sa périlleuse odyssée. De là, ils vont à la bibliothèque Radclifienne, où sont trois manuscrits zends. Quant à Wilson, voici l'impression qu'il produit sur Burnouf: « C'est un homme d'environ cinquante ans, dont le front à peu près chauve présente toutes les marques de la noblesse des sentiments et d'une haute intelligence. C'est une belle figure d'homme fait, bien calme et bien digne, trop digne peut-être.

Il a le nez trop long et trop avancé ; mais ses yeux et surtout son grand front sont très bien. Il est un peu plus grand que moi, debout; assis, il paraît avoir plus de taille, parce qu'il a le buste plus long. Mais ce qu'il y a d'imposant dans son abord disparaît, quand il met un chapeau, et qu'avec une petite redingote bleue on lui voit un pantalon jaune-brun et des bas blancs. Ce n'est plus alors qu'un Anglais au grand nez et à la face amaigrie. Ce n'en est pas moins, même alors, un homme fort remarquable, qui paraît très complaisant et d'une grande libéralité de vues. » Oxford enchante Burnouf. De quelque côté qu'on se tourne, on n'y aperçoit que des palais, des tours, des coupoles, vieilles bâtisses de tous les âges, de toutes les teintes, où le Moyen-âge tout entier est encore debout.

Burnouf ne put rester à Oxford qu'une quinzaine de jours, à copier le Vendidâd, se hâtant de son mieux, parce qu'il avait davantage à faire à Londres, mais donnant à l'exemplaire excellent de la Bodléienne toute l'attention qu'il méritait. Il consacrait chaque jour cinq ou six heures à la collation du manuscrit, dans une chambre fort commode, en plein midi, ayant tout autour un admirable jardin planté d'arbres gigantesques. Il a les plus aimables relations avec M. Bandinel, le bibliothécaire en chef, et M. Cureton, le sous-bibliothécaire. Il se loue surtout de M. Cureton, qui le mène chez M. Wilson rendre sa visite de digestion. Wilson lui montre sa collection de manuscrits indiens, « la plus belle chose que j'aie jamais vue », dit Burnouf émerveillé. Dans le temps, Colebrooke avait donné à la Compagnie des Indes les deux mille volumes de sa collection personnelle ; celle de M. Wilson était presque aussi précieuse. Le possesseur en faisait un usage très libéral, et il prêtait à Burnouf deux de ses manuscrits.

Au bout d'une semaine, Burnouf en avait à peu près fini avec les documents de la Bodléienne, où il n'avait eu à copier que quatre-vingts pages de zend ; c'étaient les treize premiers chapitres du Yaçna. Quand il n'était pas à copier, il passait son temps entre le jeune Lenz, logé au-dessus de lui dans la même maison, et M. Cureton, toujours complaisant à faire les honneurs de l'Angleterre à un étranger. Le 24 avril, Burnouf est revenu à Londres, où il sera longtemps retenu. Il demeure près de Piccadilly ; mais pour aller à la Compagnie des Indes, il n'a pas moins de deux lieues et demie à faire ; il les fait bravement à pied. Sa première visite est pour Charles Wilkins, bibliothécaire en chef de la Compagie des Indes et Associé étranger de l'Académie des inscriptions et belles-lettres. Wilkins était alors âgé de quatre-vingt-cinq ans; mais cinquante ans auparavant, en 1784, il avait traduit du sanskrit la Bhâgavad-Guîtà, et plus tard l'Hitopadésa. Il avait publié aussi une grammaire sanskrite et le recueil des racines, pour les élèves du collège d'Haileybury. Charles Wilkins s'était, de plus, fort honoré par son dévouement inébranlable à Warren Hastings, son protecteur. Avec lui et William Jones, il avait été un des fondateurs de la Société asiatique du Bengale, mère de toutes les sociétés du même genre.

En attendant, Burnouf poursuit son travail avec zèle. Il a huit manuscrits zends à collationner; il en a fait un en quinze jours à Oxford; il vient d'en faire un second à Londres, dans le même laps de temps; il en reste six; et Burnouf calcule que, pour achever le tout, il lui faudra trois mois environ. Il restera donc en Angleterre jusqu'à la fin de juillet, et il ne reverra sa chère famille qu'en août, n'ayant pour consolation qu'une correspondance fort active. Mais, après la Compagnie des

Indes, il aura sans doute à travailler au British Museum, où il y a quatre manuscrits zends découverts par l'excellent Rosen, qu'il aime de plus en plus. En effet, Burnouf vit surtout avec Rosen, Lenz, Brockhaus, qu'il appelle « ses allemands », et qui sont occupés des mêmes recherches que lui. Il ne perd pas d'ailleurs un instant, et il hâte son retour par son assiduité.

Le 9 mai, il est obligé d'assister avec ses amis au dîner annuel de la Société asiatique, présidé par M. Wynn, membre du Parlement et président du Board of Controll, « c'est-à-dire roi de l'Inde et lieux circonvoisins, ou de 130 millions d'habitants ». Le banquet réjouit fort peu Burnouf, que lassaient des toasts multipliés, auxquels on ne répondait qu'en buvant trois ou quatre verres de vin. « Mais quel ne fut pas mon étonnement, ajoute Burnouf, quand pour troisième toast, après ceux de la reine et de la famille royale, le président demanda la permission d'interrompre l'ordre des toasts réguliers, pour porter un toast nouveau, qui lui était suggéré par la présence des deux frères ici présents de la Société asiatique de Paris (Burnouf et Garcin de Tassy), accompagnant le tout de ces phrases gluantes et vides de la parlerie anglaise, que je connaissais déjà en théorie, mais que j'ai vue en action hier, à ma grande satisfaction ! Vous faire sentir ce qu'il y a de particulièrement singulier et vide dans cette exertion de l'éloquence anglaise, cela est impossible. Il faudrait que vous connussiez le pays et que vous vissiez la chose. Or le fait même est invisible pour une femme ; car il n'y a pas d'exemple qu'une femme ait assisté à un grand dîner d'hommes. Mais ce que je puis faire, c'est d'imiter la voix et la pose du très honorable président; car il a donné si souvent la représentation pendant cette soirée, vingt ou trente toasts, que je me flatte de l'avoir saisi au vif, à tel point qu'en sortant de la Société, dans la rue, avec mes trois allemands, je commençai à dire tout haut : « Gentlemen, allow me now », etc., avec un accent tellement *genuine*, qu'après avoir regardé autour d'eux si le très honorable président ne les poursuivait pas de ses toasts, ils partirent d'un immense éclat de rire, qui dura un bon quart d'heure, en s'apercevant des talents mimiques que je déployais dans cette importante circonstance. »

Mais au banquet Burnouf ne put pas s'en tirer à si bon marché, et il dut porter lui-même un toast en français, pour répondre à la politesse du président. Son speech est reçu avec de vives acclamations et des coups de manches de couteaux sur la table. On ne finissait la cérémonie qu'à onze heures du soir.

Malgré ces quelques ennuis la besogne avance, et à la fin de mai, cinq manuscrits sont déjà collationnés, sur huit; mais ils ne vont encore qu'à la page 80 du texte du Vendidâd, que Burnouf avait fait lithographier à ses frais. Pendant le mois de juin, Mme Burnouf vient le rejoindre à Londres, et reste quelque temps auprès de lui, à le soigner d'un mal de gorge persistant et assez grave. Dans un post-scriptum à une lettre de Mme Eugène Burnouf datée de Londres, le 16 juin 1835, Burnouf ajoute: « Vous voyez, nos chers parents, qu'Angélique n'est pas mal satisfaite de son voyage; elle se porte très bien ainsi que moi. Je ne vous avais encore parlé que du mauvais temps de Londres; et quant à la ville, je voulais lui laisser le plaisir de la surprise, et je n'en avais guère parlé dans mes lettres. Aussi, la surprise a été complète et grande. Elle est fort satisfaite de tout ce qu'elle voit, et elle a lieu de l'être; car nous sommes sur un des points du globe les plus brillants et les plus animés. Tout ici est travail, activité, richesse et luxe, excepté bien ententendu la canaille, qui choque beaucoup Angélique. Mais les rues, les voitures, la Tamise et ses vaisseaux, tout cela est vraiment digne d'envie. Que nous pourrions avoir de belles choses, si, au lieu de nous dire des injures grossières et de nous donner des coups de canne, nous nous occupions de travailler, du matin au soir, chacun à notre état ! Pour ma part je ne déroge pas ici plus qu'à Paris à mes principes ; je ramasse des variantes à la Compagnie ; et quand j'aurai fini, je reviendrai en France mettre le tout en ordre pour le publier, si l'on m'en donne les moyens ; car les ressources d'un particulier ne suffisent plus pour ce travail, qui devient de jour en jour plus étendu. »

Burnouf n'en continue pas moins ses investigations. Vers la fin de juillet, il croyait les avoir terminées, quand Rosen lui signala un nouveau manuscrit zend du Yaçna, au British Museum. Il n'hésite pas à faire ce dernier effort, et il peut revenir enfin chez lui chargé des matériaux qu'il a recueillis, et qui suffiront à l'occuper pendant huit ou dix ans au moins. Avant de quitter

Londres, il a le plaisir de voir sir Graves Chamney Haughton, qui était peut-être l'orientaliste le plus distingué de ce moment. M. Haughton réunit à dîner Burnouf, Rosen et Lenz; et le banquet, composé de ces quatre convives, est mille fois plus gai que celui de la Société asiatique. « M. Haughton, dit Burnouf écrivant à Mohl à la fin de juillet, a été charmant; il a causé avec un zèle, un esprit et une abondance qui, je le crains, lui aura valu une mauvaise nuit; il a eu la complaisance de me mener voir une des maisons des clubs, celle de l'Athenæum. Enfin, j'ai conservé de son accueil l'impression la plus agréable. Il est vraiment triste de voir un homme comme lui dans un état de malaise physique ou moral aussi désespérant. »

M. Haughton, plus âgé que Burnouf d'une douzaine d'années, s'était engagé de bonne heure dans le service militaire de la Compagnie des Indes; mais il s'était trouvé bientôt une aptitude extraordinaire pour les langues; et, entré par faveur au collège du Fort-William, à Calcutta, il y avait remporté les plus brillants succès. Sa santé, dangereusement atteinte par le climat, l'avait forcé de quitter l'Inde; et, en 1817, il était professeur à Haileybury. En 1821, il publiait sa grammaire bengalie, en 1825, les lois de Manou avec le commentaire de Kvullouka-Bhatta, et en 1833 son grand dictionnaire sanskrit, bengali et anglais. Presque en même temps, Burnouf publiait le Yaçna. Nommé associé étranger de l'Académie des inscriptions et belles-lettres, M. Haughton se fixait en France en 1839 ; et il y demeurait jusqu'à sa mort, dix ans plus tard, toujours laborieux, toujours souffrant, et livré à des études d'histoire naturelle qui le distrayaient de la philologie, à laquelle surtout il était propre.

Burnouf quittait Londres le 6 août; et le 10, il était à Paris, d'où il ne devait plus s'éloigner. Il se proposait de faire plus tard un second voyage en Angleterre ; mais il souhaitait que ce ne fût pas de si tôt : « car je ne pourrais vivre longtemps, disait-il, de cette nourriture substantielle, la seule qu'on ait là-bas. Je puis dire que c'est mon estomac qui m'a chassé de Londres, où j'aurais pu m'occuper encore, et où je suis humilié d'avoir laissé un manuscrit du British Museum sans le collationner. Mais je n'ai pu rester plus de quatre mois ; car la nature m'a donné les avertissements les plus significatifs. » De retour au milieu des siens, il reprenait sa vie habituelle. Son temps se partageait entre ses travaux le matin, et l'éducation de ses quatre filles le soir. « Depuis longues années, disait-il dans une lettre à un de ses oncles, j'ai consacré chaque soir à l'éducation de mes enfants, dont nuls autres que moi et ma femme ne se sont jamais occupés. Quand j'ai donné la leçon d'allemand ou d'anglais, nous faisons à haute voix quelque bonne lecture, dont tout le monde profite. Émile (c'est le cousin-germain de Burnouf, le fils de l'oncle auquel il écrit), Émile aime beaucoup ce passe-temps. » En effet, si Eugène Burnouf n'a pas laissé d'héritier qui, à son exemple, pût continuer l'héritage paternel, il a laissé des filles admirablement élevées ; et après sa mort inopinée, sa mémoire a suscité des gendres dignes de lui. Quant à Mme Eugène Burnouf, elle a vécu trente ans encore après son mari, toujours inconsolable comme au lendemain de son veuvage. Il est si rare de rencontrer dans la vie un compagnon dévoué, tendre, sage et glorieux !

Ces qualités si précieuses dans la famille ne l'étaient pas moins pour tous ceux avec qui Eugène Burnouf a entretenu des relations d'amitié ou de simple correspondance ; et puisque l'occasion nous en est fournie par ce Choix de lettres si attachantes, arrêtons-nous quelques instants à ces philologues avec lesquels il les échangeait, ou avec qui il a vécu. D'abord et par ordre de dates, Chézy et Abel Rémusat parmi nous; puis Bopp, Christian Lassen, A.-G. de Schlégel, Rosen, Mohl, Bohlen, Wilson, Lenz, Prinsep, Benfey, Weber (Albrecht), Bötticher, Rawlinson, Hodgson, Haughton, sans compter des hommes illustres, qui, pour n'être pas indianistes, n'en étaient pas moins les ardents admirateurs d'Eugène Burnouf, Creuzer, Ewald, Jacob Grimm, Alexandre de Humboldt, comme l'étaient en France, Cousin, Villemain et Guizot.

Bopp, qui avait dix ans de plus qu'Eugène Burnouf, était venu vers la fin de l'Empire à Paris, pour y étudier les langues orientales sous M. Silvestre de Sacy, Rémusat et Chézy. Lié d'abord avec M. Burnouf le père, il l'avait été bientôt avec le fils, qui annonçait déjà ce qu'il allait devenir. La première lettre d'Eugène Burnouf à Bopp est du 14 novembre 1825; il avait fait un article sur un des principaux ouvrages de Bopp, la grammaire sanskrite; l'auteur en avait été très flatté; et, au milieu de ses remerciements, il avait donné au jeune homme le conseil de traduire le drame de Sakountalâ. Burnouf n'aurait pas mieux demandé que de répondre à cette ouverture ; mais comme M. de Chézy avait fait espérer la traduction de ce drame, Burnouf y avait renoncé, par déférence pour un maître. La correspondance entre Bopp et Eugène Burnouf continuait sans être fort active. En 1831, Burnouf remercie Bopp, qui a bien voulu faire un article sur ses premiers travaux zends. Bopp, qui s'occupait surtout de philologie comparée, avait approuvé de sa grave autorité les rapprochements que faisait Burnouf entre la langue du Zend-Avesta et celle des Védas, observation qui était alors toute neuve. En 1832, Bopp, professeur de sanskrit à l'Université de Berlin, introduisait auprès de Burnouf un de ses élèves, Poley, qui devait traduire les Oupanishades, et qui, mort fort jeune, n'a pu qu'en publier quelques-unes. En même temps, Bopp donnait des détails sur les matrices des caractères sanskrits qu'il faisait fondre à Berlin, pour la Société asiatique de Paris. En mars 1843, Bopp envoie à Burnouf la dernière livraison de sa grammaire comparative. Burnouf en est ravi, pour la forme aussi bien que pour le fond ; et il le témoigne à l'auteur dans les termes les plus vifs. Il ne parait pas qu'il y ait eu échange de lettres après celle de 1843, sans qu'il y ait eu peut-être aucune cause de refroidissement.

Christian Lassen était norvégien. Entre lui et Eugène Burnouf, la liaison avait été dès le début très affectueuse, et le resta toujours. Ils étaient du même âge; mais Lassen devait survivre de près de vingt-cinq ans. Devenu l'élève le plus distingué de Schlégel à Bonn, il avait été chargé par le professeur de venir à Paris collationner des manuscrits du Râmâyana. M. Abel Rémusat, conservateur des manuscrits orientaux, l'avait prié, ainsi que Burnouf, pour qui il était plein de bontés, de mettre en ordre les manuscrits sanskrits de la bibliothèque royale. Les deux jeunes gens s'étaient pris d'amitié. Ils avaient uni leur science déjà très solide, et ils avaient publié en collaboration leur Essai sur le Pâli. Ce qui leur en avait fourni l'idée, c'était le déchiffrement fait en commun des manuscrits Pâlis qu'ils avaient à ranger. Ce travail venait à peine de paraître, en 1829, que Schlégel choisissait Lassen pour suppléant de son cours de sanskrit à Bonn; et il l'eut pour successeur en 1840. Les travaux de Lassen ont été considérables et très divers. Le principal est son *Histoire de l'Inde ancienne,* œuvre excessivement difficile, où il a fait preuve d'une très vaste érudition. La cécité qui le frappa sur la fin de sa vie n'arrêta point son activité. C'est une carrière aussi laborieuse que celle d'Eugène Burnouf, quoique moins éclatante et moins féconde.

Des liaisons qu'Eugène Burnouf contracta dans cette période, celle de Rosen fut peut-être la plus tendre. Plus jeune de quelques années, Rosen avait avec Burnouf cette conformité qu'il avait été élevé, lui aussi, par un père fort instruit, qui l'avait initié aux études orientales. A peine âgé de vingt ans, il avait suivi le cours de Bopp à Berlin, et deux ans plus tard, il publiait ses *Racines sanskrites,* dédiées à Guillaume de Humboldt, son patron. Les citations dont chacune des *Racines* était accompagnée étaient le résultat d'immenses lectures. Le livre, fort bien composé, annonçait une intelligence du genre de celle d'Eugène Burnouf, d'une clarté parfaite, et d'une vigueur qu'augmentait encore l'excellence de la méthode. Rosen était venu à Paris suivre le cours de persan de M. Silvestre de Sacy ; et quand l'Université de Londres était fondée, il y était appelé comme professeur de langues orientales. C'est au Véda que Rosen s'était particulièrement attaché. L'étude en était alors à peine ébauchée ; et l'on en était resté à ce que Colebrooke nous en avait appris. En 1830, Rosen donnait un spécimen, qui faisait naître les plus sérieuses espérances. Il poursuivait pendant sept ans encore cette rude interprétation ; mais la mort l'arrêtait en 1837, et l'année suivante ses amis publiaient la première section du *Rig Véda,* que Rosen avait pu expliquer à fond, avec l'aide du *Commentaire* de Sâyana. Désormais, l'explication des Védas était possible. Ce n'était pas une découverte qui égalât tout à fait celles de Burnouf ; mais elle s'en rapprochait beaucoup, et l'on pouvait tout attendre de Rosen, s'il avait vécu. Durant le séjour de Burnouf à Londres, l'amitié de Rosen lui avait été d'un grand secours ; et, par une gratitude fort délicate, il s'abstint de s'occuper du Véda pour le laisser à son jeune et charmant ami, si capable de bien remplir cette tâche. Plus tard, on a pu regretter cette abnégation de Burnouf ; mais alors elle était vraiment bien louable, quoique fâcheuse pour les études védiques. Les deux ouvrages qu'a laissés Rosen n'en sont pas moins des chefs-d'œuvre, chacun en leur genre. Dans sa préface aux *Racines sanskrites,* 1827, Rosen rappelle en termes touchants tout ce qu'il doit à son père, qui semble avoir été aussi modeste que savant. Il avait revu les épreuves des *Racines sanskrites* et il avait suggéré à son fils plusieurs corrections.

Burnouf, en rendant compte à Lassen de ses recherches à Londres, a fait de Rosen un éloge qui est bien beau, et qui devait être malheureusement une oraison funèbre : « Ce qui m'a le plus satisfait, disait Burnouf en 1835, c'est le fruit que j'ai retiré de la connaissance de M. Rosen, l'homme du monde le meilleur, le plus complaisant, le plus libéral, en un mot le plus exempt des défauts, et quelquefois des vices, qui déshonorent les gens de lettres, un vrai cœur d'homme, avec un esprit et une tête de savant. Vous qui le connaissez, vous ne serez pas surpris que j'aie reçu de lui toutes sortes de preuves d'amitié. Mais ce que vous apprendrez sans doute avec plaisir, c'est qu'après m'avoir prêté pendant quelque temps les quatre-vingt-seize premières pages de son *Rig-Véda,* que je lisais le soir en y comprenant ce que je pouvais, il me les a plus tard offertes en don, en y joignant la suite jusqu'à la page 124, pour que je les garde en

France et que j'en fasse l'usage que je désirerai pour l'explication de mon texte zend. Ce noble procédé, par lequel il s'est acquis des droits inoubliables à ma reconnaissance, m'a mis en possession d'une mine infiniment riche de renseignements de tout genre, qui jettent le plus grand jour sur le fond et la forme du Zend-Avesta. » Qu'ajouter à ce panégyrique? A qui fait-il le plus d'honneur des deux amis? Les mêmes sentiments sont exprimés en tête du *Rig-Véda* de Rosen, 1838, dans la préface de ses amis et admirateurs anglais, et dans l'épitaphe qu'ils ont mise sur son tombeau. Ils avaient envoyé à son père son buste en marbre, dû à un habile sculpteur. C'étaient des consolations pour une perte si cruelle.

Robert Lenz, le compagnon de Burnouf à Oxford et à Londres, était livonien. Élève de Bopp à Berlin, il venait de faire quelques publications sanskrites qui l'avaient fort recommandé auprès de tous les indianistes. Plus jeune encore que Rosen, il devait mourir avant lui en 1836, à peine âgé de vingt-huit ans. Il venait d'être appelé à l'académie de Saint-Pétersbourg, pour y professer le sanskrit.

Une autre liaison à laquelle Burnouf attachait

le plus grand prix et qui ne dura également que bien peu, ce fut celle de James Prinsep. Du même âge que Burnouf, Prinsep était allé dans l'Inde en 1820 ; et il avait été admis à la Monnaie de Bénarès dans un emploi fort obscur, où il n'avait pas tardé à montrer tout son mérite. Quand H.-H. Wilson quitta les Indes, Prinsep lui succéda comme maître de la Monnaie à Calcutta, et comme secrétaire de la Société asiatique du Bengale. C'est en cette qualité qu'il s'illustra par la découverte et le déchiffrement des édits d'Açoka. On sait que l'écriture Lât, comme on l'appelait alors, avait résisté jusque-là à tous les savants. James Prinsep s'était fait connaître aussi par les services, sans nombre, qu'il avait rendus aux lettres orientales. Sa santé, délabrée par le climat, le forçait de revenir en Europe, à la fin de 1838 ; il l'annonçait à Eugène Burnouf dans une lettre touchante, bien qu'il eût déjà la plus grande peine à écrire. Dans un post-scriptum, il remerciait Burnouf d'avoir fait décerner, par la Société asiatique de Paris, une médaille d'or à M. B. H. Hodgson, le généreux donateur de manuscrits bouddhiques. James Prinsep expirait en 1839, laissant des regrets qui ne sont pas encore éteints.

Après Rosen, après James Prinsep, nous n'avons qu'à dire quelques mots de la longue intimité de Jules Mohl et d'Eugène Burnouf. Ils s'étaient liés vers 1824, d'âge à peu près pareil, et ayant tous deux des qualités faites pour se comprendre et se compléter. Mohl était né Wurtembergeois ; mais après quelques hésitations, il s'était fixé en France ; et même avant d'y être naturalisé, il avait été chargé par le Gouvernement de la publication du grand poème persan le *Shah-Nameh* de Ferdousi. Cette épopée, gigantesque comme le *Mahâbhârata,* forme sept volumes in-folio dans notre grande collection orientale. A ce travail et au professorat du Collège de France, Mohl ajoutait les fonctions de secrétaire de notre Société asiatique ; et, pendant vingt-sept ans de suite, il a publié des rapports annuels, qui ont contribué aux progrès des lettres orientales. Tout le monde sait en outre que c'est Jules Mohl, qui, par ses communications à Schulz et à Botta, en 1840-1843, a été le promoteur des découvertes de Ninive et de Khorsabad. Jamais hommes n'ont été mieux faits pour s'entendre que Jules Mohl et Eugène Burnouf ; le bien qu'ils ont fait ensemble à la science est incalculable, en même temps qu'ils jouissaient de leur mutuelle affection. La veuve de Jules Mohl a publié deux volumes intitulés : *Vingt-sept ans d'histoire des études orientales,* rapports faits à la Société asiatique de Paris, 1840-1867, par Jules Mohl. Dans le tome Ier, pages 458-468 Mohl fait l'éloge de Burnouf ; et dans l'avant-propos, MM. Renan et F. Max Müller ont rendu à Mohl une justice aussi éclatante que méritée.

Dans cette nomenclature, qu'on pourrait prolonger encore, d'indianistes liés avec Eugène Burnouf, on ne doit pas oublier M. Brian Houghton Hodgson, le résident anglais au Népâl. Sans les générosités de M. Hodgson, Burnouf n'aurait pas pu s'occuper du Bouddhisme comme il l'a fait. Ce sont les dons répétés de M. Hodgson à la Société asiatique de Paris qui lui ont fourni les matériaux sur lesquels il a écrit son *Introduction à l'histoire du Bouddhisme indien.* A peine arrivé au Népâl, vers 1830, M. Hodgson y découvrait les ouvrages de la religion bouddhique en tibétain, et, ce qui était plus précieux, les originaux sanskrits, dont les livres tibétains n'étaient que la traduction. M. Hodgson avait offert à la Société asiatique du Bengale et à celle de Londres des documents nombreux. Il avait été également libéral envers la Société asiatique de Paris. En 1837, il lui faisait présent de vingt-quatre ouvrages sanskrits, sans préjudice de soixante-quatre autres, qu'il faisait copier pour elle dans les monastères népâlais. Pour reconnaître tant de munificence, Burnouf compulsa la belle collection qui avait été envoyée à Paris ; et, après une étude de sept ou huit ans, il fit paraître l'ouvrage qui a été la source de tout ce qui a été fait postérieurement sur le bouddhisme du nord. Burnouf, qui s'était occupé, dès 1826, du bouddhisme du midi, dans son *Essai sur le pâli,* se proposait d'étudier parallèlement la rédaction du sud. La mort l'a surpris dans ce dessein, comme dans bien d'autres. Sans M. Hodgson, il n'eût peut-être pas abordé ces problèmes. Il a d'ailleurs rendu la plus complète justice aux découvertes sans lesquelles les siennes n'eussent pas été possibles, et c'est à M. Hodgson qu'il a dédié son *Lotus de la bonne loi.* M. Hodgson peut, dans sa vieillesse, se féliciter d'avoir semé, il y a soixante ans, des germes qui ont été si bien fécondés.

On peut donc aujourd'hui juger la vie entière d'Eugène Burnouf, d'après les correspondances qu'on vient de publier. Ses intimités de famille et de cœur nous sont connues, tout aussi bien que ses œuvres philologiques, et l'on peut affirmer qu'il y a bien peu d'existences qui aient été aussi pleines, aussi pures et aussi simples. Il n'a jamais eu qu'un seul but, la science, à laquelle il dévouait toutes ses forces. Quoiqu'il soit mort bien jeune, puisqu'il avait à peine cinquante ans, sa gloire ne pouvait plus grandir ; il aurait assurément produit bien d'autres travaux ; mais ceux qu'il avait accomplis étaient d'un tel ordre qu'il n'aurait jamais pu se surpasser lui-même. Il a laissé en outre un immense amas de documents, que sa veuve a remis à notre grande Bibliothèque nationale. Des érudits, animés du même zèle que lui, les emploieront sans doute un jour, puisqu'il ne lui a pas été donné de s'en servir lui-même. Ce riche héritage sera exploité par des mains laborieuses ; et c'est ainsi que, même après sa mort, Eugène Burnouf pourrait encore assurer des conquêtes nouvelles à la philologie.

Quoi qu'il en puisse être, l'amour exclusif et passionné de la science a eu pour lui les conséquences les plus honorables. Personnellement, il a été d'un désintéressement absolu. S'il a quelquefois brigué des fonctions publiques, ce ne fut jamais par un calcul égoïste ; il ne les a recherchées que pour être mieux en état d'aider non seulement ses propres travaux, mais ceux des autres. Il a eu, dans sa carrière scientifique, deux ou trois déceptions assez amères ; elles ont pu l'émouvoir quelques instants ; mais ce n'était pas pour lui-même. On lui faisait une injustice évidente, qu'il supportait sans se plaindre, ne la regrettant que parce qu'elle était essentiellement nuisible au monde savant. Dans une occasion mémorable, l'administration, mal inspirée, poussa l'aveuglement jusqu'à supprimer une fonction indispensable pour l'unique motif de ne pas la lui attribuer, bien qu'il fût désigné par la voix publique, comme le seul qui fût capable de la bien remplir. Eugène Burnouf en prit fort aisément son parti en ce qui le concernait ; car il demeurait plus libre, dispensé de toute responsabilité, et son temps lui restait tout entier. C'étaient là des compensations plus que suffisantes à ses yeux. Mais s'il avait pu être, durant quelques années, conservateur des manuscrits orientaux de la Bibliothèque nationale, ainsi que ses amis l'espéraient, on peut affirmer que c'eût été au grand profit des lettres asiatiques.

Dans une de ses lettres, que nous avons citée un peu plus haut, Eugène Burnouf se donne pour un stoïcien. Ce n'était pas là un vain éloge, que l'amour-propre peut se décerner tant qu'il veut. En fait, le stoïcisme était la base de son caractère, en ce sens qu'il ne se laissa jamais guider que par la raison et la vérité, et que, goûtant les vrais biens de la vie, il ne les a pas sacrifiés aux biens faux qui séduisent le vulgaire et qui l'égarent. C'est ce qui fait que, s'il a eu des adversaires et peut-être même des ennemis, il n'a jamais été l'ennemi de qui que ce fût. Il n'affectait pas une hauteur dédaigneuse ; mais au fond, il jugeait les gens et les choses avec indépendance et impartialité. Il était circonspect dans ses conversations ; mais il ne laissait pas ignorer ce qu'il pensait ; et, tout en évitant de choquer les personnes, il était sincère par respect pour lui-même et pour autrui.

Aussi, jamais homme de lettres n'a été plus exempt de toute intrigue. Il était absorbé par des pensées trop hautes pour descendre aussi bas ; et, s'il a été victime de quelques manœuvres peu loyales, il s'est résigné à les souffrir, sans employer pour se défendre des armes qu'il réprouvait. Cette magnanimité se comprend de reste ; quand on est doué aussi bien qu'il l'était, et qu'on a su imposer à toutes ses facultés cette constante discipline, les agitations du dehors ne pénètrent pas bien avant dans l'intérieur. La supériorité de l'intelligence est, à elle seule, la meilleure des garanties, et l'on perd aisément de vue ces misères quotidiennes dont se repaissent des esprits moins élevés. Stoïcien sans ostentation pour les choses courantes, il l'a été aussi contre les épreuves qu'une douloureuse maladie lui a longtemps infligées. Il avait souffert de très bonne heure de la gravelle ; il était cependant très sobre ; mais, s'il était modéré dans tout le reste, il ne l'était pas assez dans le travail. Trop assidu et trop sédentaire, il avait contracté, jeune encore, le mal qui devait l'emporter prématurément.

A ceux qui ne l'ont pas connu, ses lettres le montreront tel qu'il était, dans ses relations avec sa famille et surtout avec ses correspondants. Elles respirent la bienveillance la plus vraie. Comme il n'a aucune jalousie ni aucune ambition, il est de la plus entière franchise ; l'expression de ses sentiments n'a rien d'apprêté ; ils sont naturels, comme son style. Il aurait pu dire ainsi que le disait Voltaire, dans sa jeunesse, et plus justement que lui : « Je n'ai pas d'ennemis ; j'ai des rivaux que j'aime ». C'est un très doux spectacle qu'on peut se donner en le lisant ; son âme est toute à jour, et nous qui l'avons connu durant trente ans, nous le voyons survivre dans ses épanchements épistolaires. En résumé, quoiqu'il soit mort trop tôt, bien peu d'hommes auront été plus heureux que lui, dans son père, dans sa famille, dans ses amis, dans ses travaux. Il a laissé une mémoire impérissable, et il a prouvé une fois de plus que la science peut s'allier à la vertu, et que la modestie n'empêche pas la gloire.

BIBLIOGRAPHIE

DES

TRAVAUX D'EUGÈNE BURNOUF.

I. — Travaux publiés isolément.

1. De re judicata et de rei judiciariæ apud Romanos disciplina exercitationem, præside summo viro Blondeau, in Parisiensi juris facultate antecessore, tuebitur die 6 augusti 1824, ad licenciatus gradum promovendus E. Burnouf. — *Lutetiæ Parisiorum, Aug. Delalain*, 1824. In-8° de 72 p.

2. Analyse et extrait du Dévimahâtmya, fragment du Markandéya Pourâna.

P. 17-27 de l'opuscule intitulé : « Examen du système perfectionné de conjugaison grecque par M. Fr. Thiersch, ou indication de quelques rapports du grec avec le sanskrit, par J.-L. Burnouf, suivi des analyse et extrait du Dévimahâtmya, fragment du Markandéya Pourâna ; traduit du sanskrit par E. Burnouf fils. — *Paris, Dondey-Dupré,...* 1824. In-8° de 27 p. » — Extrait du Journal asiatique.

3. Essai sur le pâli, ou langue sacrée de la presqu'île au delà du Gange, avec six planches lithographiées, et la notice des manuscrits pâlis de la Bibliothèque du roi ; par E. Burnouf et Chr. Lassen... — *Paris, à la librairie orientale de Dondey-Dupré,...* 1826. In-8° de 224 p., plus 4 feuillets préliminaires et 6 planches lithographiées.

4. Observations grammaticales sur quelques passages de l'Essai sur le pâli de MM. E. Burnouf et Lassen, par E. Burnouf. — *Paris, à la librairie orientale de Dondey-Dupré,...* 1827. In-8° de 30 p. avec une planche.

5. L'Inde française, ou collection de dessins lithographiés, représentant les divinités, temples, costumes, physionomies, meubles, armes et ustensiles des peuples hindous qui habitent les possessions françaises de l'Inde, et en général la côte de Coromandel et le Malabar ; publiée par M. J.-J. Chabrelie ; avec un texte explicatif par M. E. Burnouf... — *Paris, Chabrelie éditeur*, 1827 et 1835. Deux volumes in-folio.

L'ouvrage, qui a paru en 25 livraisons, comprend la reproduction lithographique, coloriée dans quelques exemplaires, de 144 sujets peints ou dessinés dans l'Inde par Géringer. En regard de chaque planche, est un feuillet de texte explicatif. Les planches sont ainsi réparties :

Dans le tome I, Divinités, 15 ; Portraits, Vues, cérémonies religieuses et scènes de la vie privée, 60.

Dans le tome II, Divinités, 22 ; Portraits, 9 ; Vues, cérémonies religieuses et scènes de la vie privée, 23.

Ce tome II, dont le titre porte le nom de M. E. Jacquet, à côté de celui de M. E. Burnouf, se termine par un appendice de 118 pages : « Extraits d'un manuscrit inédit intitulé : Religion des Malabars, publiés par M. E. Jacquet. » — Le texte des trois dernières livraisons est de M. E. Jacquet.

6. Vendidad Sadé, l'un des livres de Zoroastre, lithographié d'après le manuscrit zend de la Bibliothèque royale et publié par M. E. Burnouf. — *Paris, Dumont,...* 1829-1843. In-folio de 562 pages, plus deux feuillets pour le titre et l'avertissement.

Les neuf premières livraisons furent publiées, de 1829 à 1833, aux frais d'Eugène Burnouf. La mort de l'artiste chargé du calque autographique, M. Hippolyte Jouy, interrompit le travail. La dixième et dernière livraison fut exécutée aux frais du libraire Dumont, et lithographiée par M. Racinet. Il n'a été tiré que cent exemplaires de cet ouvrage.

7. Extrait d'un commentaire et d'une traduction

nouvelle du Vendidad Sadé, un des livres de Zoroastre, par M. E. Burnouf. — [*Paris, Imprimerie royale*, 1829.] In-8° de 31 p.

Extrait du Nouveau journal asiatique.

8. Funérailles de M. Saint-Martin,... le mercredi 11 juillet 1832. [*Paris, typographie de Firmin Didot*, 1832.] In-4° de 8 p.

P. 7 et 8. Discours de M. Eugène Burnouf au nom de la Société asiatique.

9. De la langue et de la littérature sanscrite. Discours d'ouverture prononcé au Collège de France. — [*Imprimé chez Paul Renouard.*] In-8° de 15 p.

Extrait de la Revue des Deux-Mondes, livraison du 1er février 1833.

Ce discours a été reproduit dans le Nouveau journal asiatique, mars 1833, t. XI, p. 251-272.

10. Observations sur la partie de la grammaire comparative de M. F. Bopp, qui se rapporte à la langue zende, par M. Eugène Burnouf. — *Paris, Imprimerie royale*, 1833. In 4° de 48 p.

Extrait du Journal des Savants.

11. Commentaire sur le Yaçna, un des livres reli-

gieux des Parses, ouvrage contenant le texte zend, expliqué pour la première fois, les variantes des quatre manuscrits de la Bibliothèque royale et la version sanscrite inédite de Nériosengh, par Eugène Burnouf... — [*Paris, imprimé par autorisation du roi à l'Imprimerie royale,* 1833.] In-4°.

Avant-propos et Observations préliminaires sur l'alphabet zend, p. i-cliii.

Commentaires sur le Yaçna, p. 1-592.

Notes et éclaircissements, p. i-clvii.

Additions et corrections, p. clix-cxcvi.

La seconde partie de ce volume, qui comprenait les pages 161-592 du commentaire et cxli-cxcvi des notes et additions, a été quelquefois indiquée comme formant un tome II. Elle a paru au commencement de l'année 1835; un exemplaire en fut offert le 6 avril à la Société asiatique.

L'avant-propos a été tiré à part pour servir de prospectus à l'ouvrage; in-4° de i-xxxvi p., plus un double feuillet pour le titre.

12. Observations sur les mots zends et sanscrits Vahista et Vasichtha, et sur quelques superlatifs en zend, par Eugène Burnouf. — [*Paris, Imprimerie royale,* 1834.] In-8° de 33 p.

Extrait du Nouveau journal asiatique.

13. [Compte rendu de :] « L'Art libéral, ou Grammaire géorgienne, par Brosset jeune... » [*Paris, Imprimerie royale,* 1835.] In-4° de 8 p.

Extrait du Journal des Savants.

14. [Compte rendu de :] « Nouveau choix de poésies originales des troubadours par M. Raynouard... Extrait du Journal des Savants. Janvier 1836. » — [*Paris, Imprimerie royale,* février 1836.] In-8° de 12 p.

15. Mémoire sur deux inscriptions cunéiformes trouvées près d'Hamadan, et qui font maintenant partie des papiers du docteur Schulz, par Eugène Burnouf. — [*Paris, Imprimerie royale,* 1836.] In-4° de vii et 196 p., avec 5 planches.

Imprimé à 250 exemplaires, aux frais de l'auteur, qui avait communiqué ce mémoire à l'Académie des Inscriptions et Belles-Lettres, dans la séance du 25 mars 1836, et dans les séances suivantes.

16. Funérailles de M. le Baron Silvestre de Sacy,... le vendredi 23 février 1838. — [*Paris, typographie de Firmin Didot,* 1838.] In-4° de 9 p.

P. 6 et 7. Discours de M. Eug. Burnouf, au nom de MM. les professeurs du Collège de France.

17. Le Bhâgavata Purâna, ou Histoire poétique de Krichna, traduit et publié par M. Eugène Burnouf...

Tome I. [*Paris, Imprimerie royale,* 1840.] In-fol. de I-CLXIII et 1-603 p.

Tome II. [*Paris, Imprimerie royale,* 1844.] In-fol. de I-XVI et 1-709 p.

Tome III. [*Paris, Imprimerie royale,* 1847.] In-fol. de I-C et 1-581 p.

Fait partie de la « Collection orientale : Manuscrits inédits de la Bibliothèque royale, traduits et publiés par ordre du roi. » Dans les exemplaires tirés en volumes de format grand in-4°, la traduction est imprimée à la suite du texte, et non pas en regard, comme dans l'édition in-folio. — Il a été fait un tirage à part de la préface du tome III ; grand in-8° de I-CVIII p., plus un double feuillet pour le titre.

Le tome IV de cet ouvrage a été publié par M. Hauvette-Besnault. [*Paris, Imprimerie nationale,* 1884.] In-fol. de VIII et 471 p.

18. Études sur la langue et sur les textes zends, par E. Burnouf... Tome I.—[*Paris, Imprimerie nationale,* 1840-1850.] In-8° de IV et 429 pages.

Ce travail avait d'abord paru de 1840 à 1846 dans le Journal asiatique.

19. Considérations sur l'origine du bouddhisme,

par M. Eug. Burnouf,... lues dans la séance publique annuelle des cinq Académies, le mardi 2 mai 1843. — [*Paris, typographie de Firmin Didot,*... 1843.] In-4° de 18 p.

Extrait du second mémoire sur les livres religieux des bouddhistes du Népal, lu par l'auteur à l'Académie des Inscriptions, en janvier et en février 1843. — Reproduit dans la Revue indépendante, n° du 25 mai 1843.

20. Introduction à l'histoire du buddhisme indien, par E. Burnouf. Tome I.— [*Paris, Imprimerie royale,* 1844.] In-4° de v et 649 p.

Une seconde édition en a été imprimée en 1876 :

20 *bis*. Introduction à l'histoire du buddhisme indien, par E. Burnouf.. Deuxième édition, rigoureusement conforme à l'édition originale et précédée d'une notice de M. Barthélemy-Saint Hilaire sur les travaux de M. Eugène Burnouf. — [*Paris, Maisonneuve,*.., 1876.] Grand in-8° de xxxviii et 587 p.

21. Notice sur les types étrangers du Spécimen de l'Imprimerie royale.

Pages 1-67 du « Spécimen typographique de l'Imprimerie royale. Paris, Imprimerie royale, 1845. In-folio. »

22. Discours de M. Burnouf [président de l'Ins-

tut], prononcé dans la séance publique annuelle des cinq Académies, le mercredi 25 octobre 1848. [*Paris, typographie de Firmin Didot*, 1848.] In-4° de 8 p.

Extrait du fascicule contenant les lectures faites à cette séance.

23. Funérailles de M. Letronne,... le samedi 16 décembre 1848. — [*Paris, typographie de Firmin Didot*, 1848.] In-4° de 10 p.

P. 1-6. Discours de M. Burnouf, président de l'Académie des Inscriptions et Belles-Lettres.

24. Le Lotus de la bonne loi, traduit du sanscrit, accompagné d'un commentaire et de vingt et un mémoires relatifs au buddhisme, par M. E. Burnouf... — [*Paris, imprimé par autorisation du gouvernement à l'Imprimerie nationale*, 1852.] In-4° de IV et 897 p.

L'index général, qui occupe les p. 871-897, a été rédigé par M. Th. Pavie; il comprend à la fois les mots et les matières dont il est question dans le Lotus et dans l'Introduction à l'histoire du buddhisme.— En tête, Avertissement de M. Jules Mohl, par les soins duquel les dernières feuilles du volume ont été imprimées.

25. Recherches sur la géographie ancienne de Ceylan dans son rapport avec l'histoire de cette île, par

Eugène Burnouf. — [*Paris, Imprimerie impériale*, 1857.] In-8° de 116 pages.

Extrait du n° I de l'année 1857 du Journal asiatique.

La publication de ce mémoire, dont une partie avait été communiquée à l'Académie des Inscriptions et Belles-Lettres, le 21 et le 26 mars 1834, a été faite par les soins de M. Jules Mohl.

II. — Travaux publiés dans le Journal asiatique.

Journal asiatique, 1re série.

Tome II, 1823, p. 150-154. Le serpent et les grenouilles, fable traduite de l'Hitopadésa.

Tome IV, 1824, p. 24-32. Analyse et extrait du Dévi Mahâtmyam, fragments du Markandéya Pourâna.

Tome V, 1824, p. 120-124. Sur un usage remarquable de l'infinitif sanscrit.

Tome VI, 1825, p. 3-15 et 95-106 Sur le Bhoûmikhandam, section du Padmapourâna.

Tome VI, 1825, p. 52-62 et 113-134. [Compte rendu de :]« Vergleichende Zergliederung, etc., c'est-à-dire Analyse comparée du sanskrit et des langues qui s'y rapportent. 1824. In-4°. Premier essai. » (Voyez plus loin, p. 134 et 140.)

Tome VI, 1825, p. 165-179. [Compte rendu de :]

« Transactions of the Royal asiatic society of Great Britain and Ireland, vol. I, part. I. London, 1824. In-4°. »

Tome VI, 1825, p. 298-314 et 359-371. [Compte rendu de :] « Ausfürliches Lehrgebaude der samskrita Sprache, von F. Bopp. Premier cahier, in-4°; c'est-à-dire: Grammaire développée de la langue sanskrite, etc. »

Tome VI, 1825, p. 383-384. Sâhityavidyâdhari Tikâ, c'est-à-dire: Commentaire contenant l'indication des diverses combinaisons métriques et l'explication du texte du Naichadhéya-Tcharita... (Note sur un manuscrit donné à la Société asiatique par le major Tod.)

Tome VII, 1825, p. 46-60 et 193-205. Notice sur un manuscrit du Shrî-Bhâgavata Pourâna, envoyé par M. Duvaucel à la Société asiatique.

Tome VIII, 1826, p. 110-114. Lettre au rédacteur du Journal asiatique, sur une inscription sanscrite du Guzarate (signée : Un membre de la Société).

Tome VIII, 1826, p. 129-149. Mémoire sur quelques noms de l'île de Ceylan, et particulièrement sur celui de Taprobane, sous lequel elle était connue des Anciens.

(Mémoire lu à l'Académie des Inscriptions et Belles-Lettres, dans la séance du 17 février 1826.)

Tome VIII, 1826, p. 355-372. [Compte rendu de :] « Transactions of the Royal Asiatic Society of Great Britain and Ireland, vol. I, part. II. 1826. London.

Tome IX, 1826, p. 125-127. [Annonce d'une] « Traduction anglaise des livres sacrés et historiques des bouddhistes de Ceylan, faite d'après les originaux palis et singalais, sous la direction de sir Alexander Johnston... »

Tome IX, 1826, p. 243-255. [Compte rendu de :] « Mânava dharma shâstra, or the Institutes of Manu, edited by Chamney Haughton. »

Tome IX, 1826, p. 257-274. Observations grammaticales sur quelques passages de l'Essai. sur le pali.

(Tiré à part, voyez plus haut, p. 122, n° 4.)

Tome IX, 1826, p. 374-378. [Analyse de :] » Corporis radicum sanscritarum prolusio, scripsit F. Rosen. »

Tome X, 1827, p. 113-125 et 236-251. [Compte rendu de :] « Asiatic Researches or Transactions of the Society instituted in Bengal, etc., t. XV. »

Tome X, 1827, p. 126-127. Note non signée, relative à l'acquisition, par la Bibliothèque du Roi, de la Collection de manuscrits palis et singhalais rassemblés à Ceylan par feu M. Tolfrey.

Tome X, 1827, p. 129-146. Sur la Littérature du Tibet, extrait du n° VII du Quarterly oriental Magazine. Calcutta, 1826.

Tome XI, 1827, p. 163 et 164. Avertissement en tête du « Mémoire sur la séparation des mots dans les textes sanscrits, » par le baron G. de Humboldt.

Tome XI, 1827, p. 315-319. Rapport fait au Conseil de la Société asiatique sur la Collection des vues de l'Inde, par M. W. Daniel.

Nouveau Journal asiatique, 2° série.

Tome I, 1828, p. 257-290. Lettre à M. le Rédacteur du Journal asiatique sur l'Alphabet tamoul.

Tome I, 1828, p. 397-400. Note sur les Inscriptions sanscrites découvertes par M. le lieutenant-colonel Tod dans le Râdjasthân, et données par lui à la Société asiatique.

Tome II, 1828, p. 241-277. Seconde lettre à M. le Rédacteur du Journal asiatique sur quelques dénominations géographiques du Drâvida ou pays des Tamouls.

Tome III, 1829, p. 224-236. [Compte rendu de :] « Ghatakarpara oder das zerbrochene Gefass, etc. Traduit par G. M. Dursch. »

Tome III, 1829, p. 297-312. [Compte rendu de :] « Vergleicheinde Zergliederung, etc., ou Analyse comparée du sanscrit et des langues qui s'y rapportent, par M. Bopp. Deuxième et troisième mémoires. »

Tome III, 1829, p. 321-349. Extrait d'un Commentaire et d'une traduction nouvelle du Vendidad Sadé, un des livres de Zoroastre.

Tome IV, 1829, p. 210-218. [Compte rendu de :] « A Grammar of the T'hai or siamese language, by Cap. J. Low. »

Tome IV, 1829, p. 337-356. Notes ajoutées à la traduction du mémoire de M. G. H. Hough : « Inscription gravée sur la grande cloche de Rangoun. »

Tome IV, 1829, p. 374-389. [Compte rendu de :] « Annals and Antiquities of Radjasthan, or the central and western Radjpoot states of India, by lieut.-col. Tod, t. I. »

Tome IV, 1829, p. 452-461. Rapport fait au Conseil de la Société asiatique sur la Collection de manuscrits et d'antiquités rapportée de l'Inde par M. Bélanger.

Annexe au tome V, 1830, p. 13-25. Rapport [sur les travaux du Conseil, pendant l'année 1829], lu par le secrétaire de la Société le 29 avril 1830.

Tome VI, 1830, p. 466-471. Notes ajoutées à un

article d'E. Jacquet sur la Collection des manuscrits palis et singhalais de Copenhague.

Annexe au tome VII, 1831, p. 13-58. Rapport [sur les travaux du Conseil pendant l'année 1830], lu par le secrétaire de la Société le 28 avril 1831.

Tome VIII, 1831, p. 121-129. Rapport fait au Conseil de la Société asiatique sur la Collection d'antiquités indiennes de M. Lamare-Picot. — Ce rapport a été réimprimé dans le volume intitulé : « Les Origines du Musée d'ethnographie, par le docteur E. T. Hamy » (Paris, 1890, in-8°), p. 110-115.)

Tome IX, 1832, p. 53-61. Affinité du zend avec les dialectes germaniques.

Tome X, 1832, p. 84-87. Rapport fait au Conseil [de la Société asiatique] sur les collections de manuscrits et de dessins rapportées de l'Inde par M. Ducler.

Tome X, 1832, p. 352-379. Fragment d'une traduction inédite du Bhâgavata Pourâna.

Tome XI, 1833, p. 251-272. Discours sur la langue et la littérature sanscrites prononcé au Collège de France. (Voyez plus haut, p. 124.)

Tome XI, 1833, p. 492-534. Rapport [sur les travaux du Conseil pendant l'année 1832-1833], lu par le secrétaire de la Société, le 29 avril 1832 (*sic*, lisez 1833).

Tome XIII, 1834, p. 56-86. Observations sur le rapport des mots zends et sanscrits Vahista et Vasichtha et sur quelques superlatifs en zend. (Voyez plus haut, p. 125.)

Journal asiatique, 3ᵉ série.

Tome I, 1836, p. 521-539. Rapport sur les travaux du Conseil pendant les six derniers mois de l'année 1835 et les quatre premiers de l'année 1836, fait à la séance générale de la Société, le 2 mai 1836.

Tome III, 1837, p. 488-506. Rapport sur les travaux du Conseil pendant les huit derniers mois de l'année 1836 et les quatre premiers de l'année 1837, fait à la séance générale de la Société asiatique, le 22 mai 1837.

Tome VI, 1838, p. 85 et 86. Notice nécrologique sur Eugène Jacquet.

Tome VIII, 1839, p. 12-26. Rapport sur les travaux du Conseil pendant les six derniers mois de l'année 1838 et les cinq premiers de l'année 1839, fait à la séance générale de la Société, le 17 juin 1839.

Tome X, 1840, p. 5-52, 237-267 et 320-358. Études sur la langue et sur les textes zends. (Voyez plus haut, p. 127.)

Tome XIII, 1842, p. 366-378. [Compte-rendu du :] « Voyage en Sardaigne, ou Description statistique, physique et politique de cette île, avec des recherches sur ses productions naturelles et ses antiquités, par M. le comte Albert de la Marmora. »

Journal asiatique, 4ᵉ série.

Tome IV, 1844, p. 449-505. Étude sur la langue et sur les textes zends (suite).

Tome V, 1845, p. 249-308 et 409-436. Suite du même travail.

Tome VI, 1845, p. 148-161. Suite du même travail.

Tome VII, 1846, p. 5-72, 105-160 et 244-279. Suite du même travail. (Voyez plus haut, p. 127.)

Tome XI, 1848, p. 66-85. Catalogue des ouvrages indiens, arabes, etc., rapportés par M. Ch. d'Ochoa, chargé d'une mission scientifique dans l'Inde par M. le Ministre de l'Instruction publique. (La partie de ce Catalogue relative aux manuscrits indiens, p. 66-81, a été rédigée par M. E. Burnouf.)

Journal asiatique, 5ᵉ série.

Tome IX, 1857, p. 1-116. Recherches sur la géographie ancienne de Ceylan, dans son rapport avec l'histoire de cette île. (Voyez plus haut, p. 129.)

Tome IX, 1857, p. 248-286. Notice des manuscrits zends de Londres et d'Oxford. (Publié par les soins de M. Mohl.)

III. — Travaux publiés dans le Journal des Savants.

Année 1827.

Avril 1827, p. 223-230. — « Yadjnadatta badha, ou la Mort d'Yadjnadatta, épisode extrait du Râmâyana, poème épique sanscrit, donné avec le texte gravé, une analyse grammaticale très détaillée, une traduction française et des notes par A.-L. Chézy..., et suivi, par forme d'appendice, d'une traduction latine littérale, par J.-L. Burnouf... Paris, F. Didot, 1826. 1 vol. in-4°. »

Année 1828.

Janvier 1828, p. 45-55. — « The Mission to Siam and Hue, etc., c'est-à-dire : Mission à Siam et à Hué, capitale de la Cochinchine, dans les années 1821 et 1822, d'après le journal de feu G. Finlayson ; avec une notice sur l'auteur par sir Th. Stamford Raffles. Londres, 1827. In-8°. »

Année 1832.

Août 1832, p. 457-470. — « Commentatio de origine linguæ zendicæ, è sanscrita repetenda, auct.

Petro a Bohlen, philol. doct. Regimontii, 1831. In-8°. »

Octobre 1832, p. 585-598. — « Yakkun Nattannawa, a cingalese poem..., c'est-à-dire : Yakkun Nattannawâ, poème singhalais contenant la description du système de démonologie des Singhalais... ; traduit du singhalais par John Callaway. Londres, Comité des traductions orientales, 1829. In-8°. »

Décembre 1832, p. 705-717. — « Translation of several principal books..., c'est-à-dire : Traduction de plusieurs des principaux livres, passages et textes des Védas..., par Râdja-Rammohun-Roy ; seconde édition. Londres, 1832. In-8°. »

Année 1833.

Janvier 1833, p. 18-34. — « Journal of an embassy..., c'est-à-dire : Journal d'une ambassade envoyée par le gouverneur général de l'Inde à la cour d'Ava, en 1827, par M. John Craufurd..., par le professeur Buckland et M. Clift. Londres, 1829. In-4°. » — Second article dans le cahier de mars 1833, p. 129-148.

Avril 1833, p. 232-242. — « Miscellaneous translations from oriental languages..., c'est-à-dire : Mélanges traduits de diverses langues de l'Orient et publiés par le Comité des traductions orientales de la Société royale asiatique de Londres. Vol. I. In-8°. »

Juillet 1833, p. 412-429. — « Vergleichende Grammatik des sanscrit..., c'est-à-dire : Grammaire comparative des langues sanscrite, zende, grecque, latine, lithuanienne, gothique et allemande, par François Bopp; première partie, contenant la théorie des sons, la comparaison des radicaux et la formation des cas. Berlin, 1833. In-4°. »

Le deuxième article dans le cahier d'août 1833, p. 491-503.

Le troisième dans le cahier d'octobre 1833, p. 588-603.

Le tirage à part de ces articles est indiqué plus haut, p. 130.

Septembre 1833, p. 548-563. — « The Mahâvansi..., c'est-à-dire : Le Mahâvansi, le Râdjâratnâkari et le Râdjâvali, formant la Collection des livres sacrés et historiques de Ceylan, avec un recueil de traités destinés à éclaircir les doctrines et la littérature du Bouddhisme, et traduits du singhalais, ouvrage publié par Ed. Upham... Londres, 1833. 3 vol. in-8°. »

Le deuxième article dans le cahier de janvier 1834, p. 17-33.

Le troisième article dans le cahier d'avril 1834, p. 193-206.

Novembre 1833, p. 641-653. — « A Narrative of a visite to the court of Sind..., c'est-à-dire : Relation d'un voyage à la cour du Sinde, avec un Essai de l'histoire du Catch, depuis l'époque des premiers rapports de ce pays avec le Gouvernement anglais de l'Inde jusqu'à la conclusion du traité de 1819..., par James Burnes. Édimbourg, 1831. 1 vol. grand in-8°. »

Année 1835.

Mars 1835, p. 129-136. — « L'Art libéral ou Grammaire géorgienne, par Brosset jeune... Paris, 1834, 1 vol. in-8°. » Cet article a été tiré à part; voyez plus haut, p. 126.

Année 1836.

Janvier 1836, p. 37-46. — « Nouveau choix des poésies originales des Troubadours, par M. Raynouard..., t. II, contenant le Lexique roman, ou Dictionnaire de la langue des Troubadours, comparé avec les autres langues de l'Europe latine. Lettres A-C. Paris, 1836. In-8°. » Cet article a été tiré à part ; voyez plus haut, p. 126.

Mai 1836, p. 283-295. — Extrait d'un mémoire sur deux Inscriptions cunéiformes trouvées près d'Hamadan. — (Lu à l'Académie des Inscriptions dans la séance du 25 mars 1836.)

Le second article dans le cahier de juin 1836, p. 321-335.

Année 1837.

Février 1837, p. 112-121. — « A Description of the Burmese Empire, etc. — Description de l'empire Barman, compilée principalement d'après des documents originaux, par le Rév. Père San Germano, et traduite de l'italien en anglais par W. Tandy, membre du Comité des traductions orientales établi à Rome. Rome, 1833. 1 vol. in-4°. »

Le second article dans le cahier de mars 1837, p. 129-137.

Mars 1837, p. 160-176. — « Foě Kouě Ki, ou Relation des royaumes bouddhiques ; voyage dans la Tartarie, dans l'Afganistan et dans l'Inde, exécuté à la fin du iv° siècle par Chy fa hian. Traduit du chinois et commenté par M. Abel Rémusat[1] ; ouvrage posthume, revu, complété et augmenté d'éclaircissements nouveaux par MM. Klaproth et Landresse. Paris, 1836, in-4°. »[1]

Le second article dans le cahier de juin 1837, p. 350-366.

---

1. Un autre ouvrage d'Abel Rémusat (Mélanges asiatiques, Paris, 1825 et 1826) avait été le sujet d'un des premiers écrits d'Eugène Burnouf, inséré dans la Revue encyclopédique, t. XXVIII, p. 279, et t. XXX, p. 533.

Mai 1837, p. 267-280. — « Ueber die Monatsnamen einiger alter Volker... ; c'est-à-dire : Sur les noms des mois chez quelques anciens peuples, et en particulier chez les Perses, les Cappadociens, les Juifs et les Syriens ; par MM. Théodore Benfey et Moriz A. Stern. Berlin, 1836. In-8°. »

Le second article dans le cahier de juin 1837, p. 321-331.

Année 1840.

Mai 1840, p. 294-309. « The Vishnu Purâna, a system of Hindu mythology and tradition... ; c'est-à-dire : Vichnu Purâna, ou système de mythologie et de traditions indiennes, traduit de l'original sanscrit et accompagné de notes extraites en partie des autres Purânas, par Horace Hayman Wilson. Fort volume in-4°. »

Année 1844.

Mars 1844, p. 129-142. — « Râmâyana, poema indiano di Valmici, testo sanscrito secondo i codici manoscritti della scuola Gaudana, per Gaspare Gorresio... Vol. I et II. Parigi, della stamperia reale, 1843 et 1844. Grand in-8°. »

Avril 1844, p. 227-233. — « Voyage dans l'Inde, notes recueillies en 1838, 39 et 40 par Saint-Hubert-Théroulde. Paris, 1843. In-12. »

IV. — Liste des travaux manuscrits d'Eugène Burnouf.

(Extrait de l'article inséré par M. Barthélemy-Saint Hilaire dans le *Journal des Savants* du mois de septembre 1852.)

[« ..... Je divise les manuscrits de M. Eugène Burnouf en cinq classes, selon qu'ils appartiennent aux diverses études dont il s'est occupé, sans parler de ceux dont j'ai déjà fait mention plus haut [et qui sont :]

1° Le cours professé par lui à l'École normale (1830-1833). — Manuscrit de 450 pages in-4°, d'une écriture fine et serrée ; il ne va pas au delà des deux premières années du cours.

2° Des notes pour le mémoire qui a remporté le prix Volney en 1831.

La rédaction originale doit se trouver dans les archives de l'Institut.

3° Une masse considérable de notes [relatives au zend] qui pourraient fournir la matière de plusieurs volumes aussi intéressants et aussi étendus que les *Études sur la langue et sur les textes zends*[1].

---

1. Voyez plus haut, pp. 45, n° 18, et p. 127. On croit devoir répéter ici toute cette nomenclature, afin de ne pas scinder la bibliographie.

4° La traduction du Vispered, à peu près achevée en 1833, comme l'annonçait l'avant-propos du Yaçna (p. xxxv).

Première classe des manuscrits; langue zende.

1° Index contenant tous les mots zends du Vendidad Sadé. Paris, 1833, grand in-fol. de mille p. à peu près, avec un supplément, qui n'en a pas moins d'une centaine. Les mots zends sont transcrits en lettres latines, et classés dans l'ordre que M. Eugène Burnouf a donné à l'alphabet zend, et qui se rapproche beaucoup de l'ordre de l'alphabet sanskrit. Cet index répond au volume du Vendidad Sadé que M. E. Burnouf a fait lithographier, 1829-1843. Mss. Anquetil, suppl. n° 1; et de plus, il sert de table de renvoi au volume des variantes du Vendidad Sadé contenues dans l'index suivant.

2° Index contenant les variantes du Vendidad Sadé, collationné sur les manuscrits de Paris, d'Oxford et de Londres et sur l'édition des Parses de Bombay. 1 vol. grand in-fol. du même format que le précédent, de 571 pages.

3° Index contenant tous les mots tant zends que pazends du volume des Jeschts et des Néaeschs. Mss. Anquetil, suppl. n° 3. Paris, 1835, de 686 p., du même format que les deux précédents.

4° Index contenant tous les mots du Minokered et ceux du Schekend Goumani, ouvrages écrits en pazend. Mss. Anquetil, suppl. n° x et n° xviii. Paris, 1838, de 231 pages in-fol., même format.

Il est bon d'ajouter que, outre les index, il y a dans les manuscrits de M. Eugène Burnouf beaucoup de textes zends transcrits et collationnés, d'après les documents d'Anquetil-Duperron et ceux de Manakdjî-Cursetdjî. On peut citer entre autres :

Le Sirouzé tout entier, avec des tables de mots composées sur le même plan que les grands Index, et le Minokered transcrit d'après la copie de la Bibliothèque nationale.

De plus, dans l'exemplaire du Vendidad Sadé lithographié dont se servait l'auteur, il se trouve une foule de notes de sa main et de traductions de mots, jusqu'à la page 90, sur 562 dont le livre entier se compose.

M. Eugène Burnouf avait aussi préparé plusieurs mémoires qu'il destinait au Journal asiatique ou à l'Académie des Inscriptions. Parmi ces matériaux, se distingue un ouvrage à peu près achevé : *Sur la langue zende considérée dans ses rapports avec le sanscrit et les anciens idiomes de l'Europe.* C'eût été en quelque sorte le résumé philologique du commentaire sur le Vendidad Sadé. On y voit aussi un article complet : *Sur le IXe chapitre du Yaçna;* et cet article devait faire suite, avec bien d'autres, aux *Études sur la langue zende.*

Deuxième classe des manuscrits, inscriptions cunéiformes.

1° Une masse considérable de notes, de transcriptions, d'éclaircissements de tout genre et d'essais de déchiffrement sur les inscriptions de Ninive.

2° Un projet de lettre à M. Botta sur les inscriptions de Khorsabad.

3° Trois lettres, à peu près achevées, à M. de Saulcy sur le même sujet.

Troisième classe des manuscrits, langue sanscrite.

1° Un index de Panini, contenant les axiomes de ce grammairien, disposés par ordre alphabétique, avec renvoi à l'édition de Calcutta, et avec l'indication de la grammaire de Bhattodjî, où se trouve cité chacun de ces axiomes... — 687 pages in-4°.

2° Une transcription en lettres latines du Brahma Veivartta Pourâna. Elle s'étend jusqu'au çloka 54 du livre IX, et elle est accompagnée d'une traduction latine placée au bas des pages. Ce travail est de 1827.

3° Une transcription et une traduction des trois

premiers livres de Narasinha, faites sur le même plan et dans la même année.

4° Un mémoire de 30 pages, à peu près, sur quelques médailles indiennes trouvées à Dehli.

5° Un mémoire sur quelques points de l'ancienne législation civile des Indous.

6° Des notes sur les Digestes hindous.

Quatrième classe des manuscrits ; langue palie.

1° Une grammaire palie, presque toute faite, et où il n'y a guère d'incomplet que le morceau qui concerne les verbes, ainsi que l'indique une note de la main de l'auteur.

2° Une traduction littérale du Sandhikappa, ou théorie du Sandhi dans la grammaire palie. 240 p. in-4°.

3° Abhidanappadipika, ou explication des mots, dictionnaire pali en vers, transcrit en lettres latines et traduit. Ce travail de 90 pages, accompagné de notes, remonte à 1826.

4° Le Mahavansa, transcrit en lettres latines et traduit presque tout entier en latin. 273 pages in-4°, 1826.

5° Buridatta djataka, ou Histoire de l'existence du Bouddha Çâkyamouni sous la figure du naga Buridatta, copié sur le ms. de la Société asiatique de

Londres, texte pali et glose en barman, traduit avec explication et avant-propos. 520 pages in-4°. [Daté : « Paris, 20 novembre 1849. »]

6° Némi djataka, ou Histoire de la naissance du Bouddha sous la figure de Némi, pali et barman, traduit avec explication et avant-propos. 416 pages in-4°. [Daté : « Châtillon, 10 juillet 1849. »]

7° Suvanna Sama djataka, ou Histoire de la naissance du Bouddha sous la figure de Suvanna Sama, pali et barman, traduit avec explication et avant-propos. 449 pages in-4°. [Daté : « Châtillon, 23 août 1849. »]

8° Des fragments considérables du Mahadjannaka djataka, pali et barman, traduits de même. (Matériaux pour le 2ᵉ vol. de l'*Introduction à l'histoire du buddhisme indien.*)

9° Kudda Sikkadîpanî, ou le Flambeau de la petite inscription, « Études sur le bouddhisme des Barmans, » pali et barman, traduit ; 320 pages in-4°. [« Châtillon, 2 octobre 1848. »]

10° Patimokka Nissaya, traduction barmane du Patimokka pali, ou Règles du salut pour les religieux ; pali et barman, traduit : 611 pages in-4°. [De la main d'Eugène Burnouf : « Terminé à Châtillon le lundi 28 mai 1849. »]

11° On peut rattacher aux études sur le pali des

Recherches sur la géographie ancienne de Ceylan dans son rapport avec l'histoire de cette île. M. Eugène Burnouf n'a pu exécuter que la première partie de cette tâche, dans un mémoire de 50 pages in-fol. environ sur les noms anciens de l'île de Ceylan ; il l'a lu en 1834 à l'Académie des Inscriptions et Belles-Lettres[1].

Il laisse aussi tout un travail sur les dénominations géographiques qui se rencontrent dans le Mahavansa.

12° Je joins encore à cette classe de manuscrits des *Études sur la langue barmane* et des *Notes* nombreuses destinées à une *Grammaire siamoise*.

Cinquième classe des manuscrits; bouddhisme du Népal.

1° Huit cahiers, dont quelques-uns de 100 pages et plus, comprenant des traductions de légendes bouddhiques du Népal.

2° Le commencement de la traduction du Lalita-Vistara, une des légendes les plus célèbres de la vie de Çâkyamouni.

3° Une légende bouddhique sans titre, traduite du sanskrit, et formant 430 pages in-4°. [L'auteur

---

1. Ce mémoire a été publié en 1857 par les soins de M. Mohl ; voyez plus haut, p. 129, n° 25.

a mis en tête : « Commencé le 14 novembre 1837. »]

4° Des documents très nombreux pour des additions et des corrections aux notes et aux appendices du *Lotus de la bonne loi*. Parmi les matériaux de ce genre, dont M. Eugène Burnouf n'a pu faire usage, de peur de grossir démesurément le volume, mais qui sont tout préparés, on distingue un *Examen de la langue du Lotus*, très long, et une *Comparaison des textes sanskrits et palis*.

5° Enfin des extraits tibétains de diverse étendue qui devaient servir à éclaircir plusieurs passages du *Lotus de la bonne loi*.

On sent que, dans cette énumération, quelque longue qu'elle soit, on n'a pas tout mentionné. On ne s'est arrêté qu'aux morceaux les plus importants.

[En tout 110 volumes, la plupart in-folio.]

A cette liste, il convient d'ajouter un mémoire sur les Iles Philippines, composé en 1845, sur l'invitation de M. Guizot, alors ministre des Affaires étrangères ; il devra se retrouver au ministère des Affaires étrangères, où l'auteur l'avait déposé le 16 avril 1845.

V. — Articles sur les travaux d'Eugène Burnouf et notices biographiques.

« Rapport [d'Abel Rémusat] à la Société asiatique, sur l'ouvrage de MM. E. Burnouf et Lassen, intitulé : Essai sur le pali. »

(*Journal asiatique,* 1825, t. VII, p. 358-370.)

Abel Rémusat a de nouveau rendu compte du même ouvrage dans son « Rapport sur les travaux du Conseil [de la Société asiatique]... lu dans la séance générale annuelle du 27 avril 1826, » p. 14-18.

— Compte rendu de l'Essai sur le pali, par Abel Rémusat.

(*Journal des Savants,* juillet 1826, p. 415-425).

— Compte rendu du « Commentaire sur le Yaçna ». Article signé : E. L. (Lherminier).

(*Revue des Deux-Mondes,* 15 janvier 1834, 3ᵉ série, t. I, p. 237-240.)

— « Rapport sur les travaux philologiques de M. E. Burnouf, relatifs à la langue zende... » [par J.-B.-F. Obry]. Amiens, 1835. In-8° de 58 p.

(Extrait des *Mémoires de l'Académie des sciences, agriculture, commerce, belles-lettres et arts du département de la Somme* (Amiens, 1835), p. 485-542.)

— Compte rendu du « Commentaire sur le Yaçna ».
(*Le Temps*, n° du 11 mai 1835.)

— Compte rendu du même ouvrage.
(*Le Moniteur du Commerce*, un des n^os parus entre le 15 et le 19 mai 1835.)

— Compte rendu du même ouvrage. Article signé : « L. Jourdain. »
(*Journal général de l'instruction publique*, 28 mai 1835, p. 291 et 292.)

— Compte rendu du même ouvrage.
(*Journal de Paris*, 30 mai 1835.)

Cet article et ceux du *Temps* et du *Moniteur du commerce* sont indiqués dans les lettres de M. Burnouf père, qui écrivait à sa femme en parlant du compte rendu inséré dans le *Journal de Paris*: « Cet article est excellent pour donner une grande idée de l'ouvrage et de l'auteur. Si tu vois M. Regnier, je te prie de l'en remercier ; c'est lui qui l'a fait insérer. Je ne crois pas que ce soit lui qui l'ait fait. »

— Compte rendu par J.-B.-F. Obry, d'Amiens, du « Mémoire sur deux inscriptions cunéiformes... »

(*Journal asiatique*, 1836, 3ᵉ série, t. II, p. 365-391.)

— « Littérature orientale. Antiquités de la Perse. Travaux de M. E. Burnouf. » Article de J.-J. Ampère.

(*Revue des Deux-Mondes*, 1ᵉʳ décembre 1836, 4ᵉ série, t. VIII, p. 575-594.)

— « Le Bhâgavata-Purâna, traduit par M. E. Burnouf. » Article de J.-J. Ampère.

(*Revue des Deux-Mondes*, 15 novembre 1840, 4ᵉ série, t. XXIV, p. 496-518.)

— « Introduction à l'histoire du buddhisme indien... Articles de M. Biot, extraits du Journal des Savants, avril, mai et juin 1845. » [Paris, 1845.] In-4° de 35 pages.

(*Journal des Savants*, 1845, p. 233-244, 257-269 et 337-349.)

— « Histoire du bouddhisme indien. » Articles de M. Félix Nève.

(*Le Correspondant*, 10 septembre et 25 novembre 1845, t. XI, p. 676-703, et t. XII, p. 567-597.)

— « Funérailles de M. Eugène Burnouf, secrétaire perpétuel de l'Académie [des Inscriptions et

Belles-Lettres]. Discours de M. de Wailly, président de l'Académie. — Discours de M. Barthélemy-Saint Hilaire, au nom des professeurs du Collège de France. — Discours de M. Guigniaut, au nom de l'Université et de l'École normale. » — [Paris, 1852.] In-4 de 16 pages.

— « Eugène Burnouf, par Charles Lenormant. » Paris, 1852. In-8° de 15 p.
(Extrait du *Correspondant,* 10 juin 1852, t. XXX, p. 307-319.)

— « M. Eugène Burnouf. » Article de M. Ernest Renan.
(*Le Moniteur universel,* 13 juin 1852.)

— « Eugène Burnouf. » Article de Philarète Chasles.
(*Journal des Débats,* 23 juin 1852.)

— Article nécrologique par Adolphe Tardif.
(*Bibliothèque de l'École des chartes,* année 1852, 3° série, t. III, p. 508-510.)

— Notice sur la vie et les travaux d'Eugène Burnouf, par Jules Mohl.
(*Rapport annuel fait à la Société asiatique dans la séance générale du 3 juillet 1852, par M. Jules*

Mohl (Paris, 1852), p. 22-36. — Reproduit dans *Vingt-sept ans d'histoire des études orientales,* par Jules Mohl (Paris, 1879, in-8°), t. I, p. 458-468.)

— Article nécrologique, signé Ed. Ariel.
(*Le Moniteur officiel des établissements français dans l'Inde,* 23 juillet 1852.)

— « Sur les travaux de M. Eugène Burnouf. Articles de M. Barthélemy-Saint Hilaire, extraits du Journal des Savants (cahiers d'août et de septembre 1852). » [Paris, Imprimerie nationale, 1852.] In-4° de 29 pages.

Cette notice, qui a d'abord paru dans le *Journal des Savants,* année 1852, p. 473-487 et 561-575, et qui a été réimprimée dans la seconde édition de l'Introduction à l'histoire du buddhisme (voyez plus haut, p. 128), contient l'indication sommaire des travaux manuscrits d'Eugène Burnouf qui est reproduite ci-dessus, p. 145-151.

Tous les papiers indiqués par M. Barthélemy-Saint Hilaire ont été donnés ou légués par Mme Eugène Burnouf à la Bibliothèque nationale ; ils y forment, au Département des manuscrits, une collection de 110 volumes de différents formats.

— « Eugène Burnouf. » Articles d'Édélestand du Méril.

(L'*Athenæum français,* 3 et 17 juillet, 14 et 21

août 1852, p. 11-13, 35-39, 107-109 et 125-126.)

— « Notice sur les travaux de M. E. Burnouf..., par J.-B.-F. Obry. »
(*Mémoires de l'Académie des sciences, agriculture, commerce, belles-lettres et arts du département de la Somme,* années 1850-1853, t. IX, p. 319-338.)

— « Les Pouranas. » Articles de M. Félix Nève.
(*Le Correspondant,* année 1852, t. XXX, p. 37-51, 96-108 et 219-245.)

— « Notice sur les travaux de M. Eugène Burnouf, par M. Th. Pavie. » Paris, février 1853. In-8° de 28 p.

Cette notice a d'abord paru en deux articles sous le titre de : « M. Burnouf, ses travaux et son enseignement, » dans le *Journal général de l'Instruction publique,* 12 et 16 février 1853, p. 84-87 et 92-94.

— « Le Lotus de la bonne loi... » Articles de M. Barthélemy-Saint Hilaire.
(*Journal des Savants,* année 1853, p. 270-286, 353-270, 409-426, 484-509, 557-573, et 640-659 ; année 1854, p. 43-59, 115-130 et 243-256.)

— « Notice historique sur MM. Burnouf, père et fils, par M. Naudet, secrétaire perpétuel..., lue dans la séance publique annuelle de l'Académie des Inscriptions et Belles-Lettres, du vendredi 18 août 1854. » Paris, 1854. In-4° de 45 pages.

Une deuxième édition, augmentée de notes complémentaires, a paru en 1861, dans les *Mémoires de l'Académie des Inscriptions et Belles-Lettres,* t. XX, partie I, p. 285-337.— Une nouvelle édition de la Notice de M. Naudet a été donnée après la mort de Mme Eugène Burnouf (Paris, 1886 ; in-8° de 54 pages).

CHARTRES. — IMPRIMERIE DURAND, RUE FULBERT.

www.ingramcontent.com/pod-product-compliance
Lightning Source LLC
Chambersburg PA
CBHW070700100426
42735CB00039B/2346